慢慢 만만한 중국어

2

慢慢 만만한 중국어 2

한양대학교 중국어교재개발팀 편

사공

머리말

『만만한 중국어 2』는 다년간 중국어 교육에 종사해 온 한양대학교 중국어교육위원회 소속 교수들이 공동으로 집필한 교재이다. 앞서 한양대학교 중국어교육위원회에서는 중국어 교육과 관련한 다양한 교재들을 집필해 왔다. 이번에 집필한 『만만한 중국어 2』는 중국어 입문을 마치고 초급 단계로 들어선 학습자들의 말하기, 듣기, 읽기, 쓰기 능력을 종합적으로 심화시키는 데 주안점을 두고 집필하였다.

본 교재는 초급 수준의 학습자들에게 단계별 학습이 가능하도록 총 10과로 이루어져 있으며, 각 과별로 본문, 새로운 단어, 문법 설명, 연습문제, 한자 쓰기 등 다양한 내용으로 구성되어 있다.

본문은 초급자들의 회화 능력을 배양하기 위해 생생한 대화들로 구성하였다. 특히 중국어의 입문 과정을 마친 초급 단계의 학습자들이 중국의 현지 생활을 가상적으로 체험할 수 있도록 함으로써 중국인들과의 자연스러운 대화가 가능하도록 하였다. 또한 자주 사용되는 단어와 간단한 예문을 통하여 학습자가 중국어 문법을 쉽게 이해할 수 있도록 설명하였다.

연습문제 중 단어 교체 연습은 해당 본문의 주요 구문들을 익히는 것이 목적이지만, 이미 학습한 단어들을 반복 사용함으로써 새로운 구문 연습과 반복학습이 가능하도록 구성하였다. 연습문제의 일부분은 HSK 작문 문제 유형과 유사하게 만들어 HSK 시험 대비에도 활용될 수 있을 것이다. 또한 2인 1조의 대화 연습을 통해 학습자들이 각 과에서 배운 표현들을 이용하여 자신의 의사를 자유롭게 표현할 수 있도록 하였다.

한자 쓰기는 사용 빈도와 활용도가 높은 한자를 우선적으로 연습하도록 하였으며, 난이도가 높은 생소한 한자도 반복 쓰기를 통하여 완벽하게 습득할 수 있도록 하였다.

『만만한 중국어 2』는 공동 집필자들이 기존 초급 수준의 교재들이 가지고 있는 문제점들을 최대한 개선할 수 있도록 고심하여 집필하였다. 앞으로 이 책을 가르치는 선생님들과 이 책으로 학습하는 학습자에게 보다 더 도움이 되는 교재로 거듭나기를 바란다.

집필진을 대표하여

서원남 씀

차례

머리말 004

第一课 在机场 (Zài jīchǎng)

课文 012 生词 016 说明 017

练习 020 한자쓰기 022

第二课 校园生活 (Xiàoyuán shēnghuó)

课文 024 生词 028 说明 030

练习 032 한자쓰기 034

第三课 您找谁？(Nín zhǎo shéi?)

课文 036 生词 040 说明 041

练习 044 한자쓰기 046

第四课 我要办事 (Wǒ yào bànshì)

课文 048 生词 052 说明 054

练习 057 한자쓰기 059

第五课 去看病 (Qù kànbìng)

课文 062 生词 068 说明 070

练习 073 한자쓰기 075

第六课 买东西 (Mǎi dōngxī)
课文 078 生词 082 说明 083
练习 086 한자쓰기 088

第七课 约朋友 (Yuē péngyou)
课文 090 生词 096 说明 098
练习 102 한자쓰기 104

第八课 请客 (Qǐngkè)
课文 106 生词 113 说明 115
练习 118 한자쓰기 120

第九课 北京游玩 (Běijīng yóuwán)
课文 122 生词 128 说明 129
练习 131 한자쓰기 133

第十课 离开北京 (Líkāi Běijīng)
课文 136 生词 143 说明 145
练习 148 한자쓰기 150

본문 번역 151
연습문제 부분 해답 173
단어 색인 185

등장인물

泰民

Tàimín

한국 대학생

英哲

Yīngzhé

한국 대학생

爱英

Àiyīng

한국 대학생

李老师

Lǐlǎoshī

중국어 선생님

王明

Wáng Míng

중국 대학생

小桃

Xīǎotáo

중국 대학생

保罗

Bǎoluó

독일 대학생

第一课 # 在机场

Zài jīchǎng

课文

1.

泰　民：请问一下，在哪儿办入境手续？
Qǐngwèn yíxià, zài nǎr bàn rùjìng shǒuxù?

游　客：就在前面。
Jiùzài qiánmiàn.

(......)

公　安：请出示您的护照。
Qǐng chūshì nín de hùzhào.

泰　民：这是我的护照。
Zhè shì wǒ de hùzhào.

公　安：您来北京做什么？
Nín lái běijīng zuò shénme?

您打算呆多久？
Nín dǎsuan dāi duōjiǔ?

泰　民：我来北京学习。打算呆一年。
Wǒ lái běijīng xuéxí. Dǎsuan dāi yìnián.

公　安：　您的汉语说得非常好。
Nín de hànyǔ shuō de fēicháng hǎo.

泰　民：　哪里！哪里！
Nǎlǐ! Nǎlǐ!

2.

泰　民：请问，出租车站在哪儿？
Qǐngwèn, chūzūchē zhàn zài nǎr？

市　民：请您到地下一楼。
Qǐng nín dào dìxià yī lóu.

(......)

泰　民：师傅，我要去北京大学。
Shīfu, wǒ yào qù běijīng dàxué.

司　机：好的！请您系好安全带!
Hǎo de！Qǐng nín jìhǎo ānquándài.

泰　民：从机场到北京大学需要多长时间？
Cóng jīchǎng dào běijīng dàxué xūyào
Duō cháng shíjiān？

司　机：大概50分钟就到。
Dàgài wǔshí fēnzhōng jiù dào.

泰　民：路上堵不堵车？
Lùshàng dǔ bu dǔ chē?

司　机：这个时间不堵车。
Zhège shíjiān bù dǔ chē.

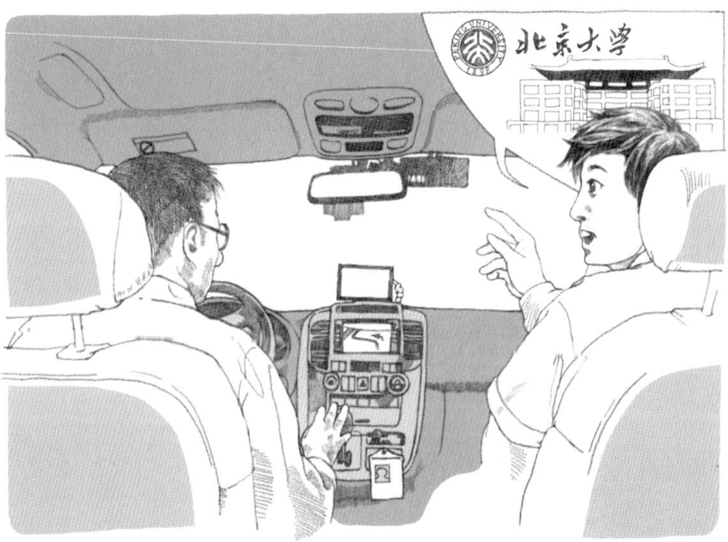

生词

到	dào	【동】	도달하다, …에 도착하다
请问	qǐngwèn	【동】	말씀 좀 묻겠습니다, 실례합니다
办	bàn	【동】	(일을) 처리하다
入境	rùjìng	【동】	입국하다
手续	shǒuxù	【명】	수속, 절차
前面	qiánmian	【명】	앞, 앞쪽
出示	chūshì	【동】	제시하다, 내보이다
护照	hùzhào	【명】	여권
打算	dǎsuan	【동】	…할 생각이다(작정이다), …하려고 하다
呆	dāi	【동】	머무르다
出租车	chūzūchē	【명】	택시
地下	dìxià	【명】	지하
师傅	shīfu	【명】	기사, 선생님
系	jì	【동】	(안전띠를)매다, 묶다
安全带	ānquándài	【명】	(자동차, 비행기 등의)안전 벨트
从~到	cóng~dào	【개】	…에서부터 …까지
需要	xūyào	【동】	필요하다, 요구되다
大概	dàgài	【부】	아마, 대개
堵车	dǔchē	【동】	차가(교통이) 막히다

说明

1. 정도보어

: 중국어에서 보어는 술어 뒤에 붙어서 내용을 더 구체적으로 설명해 주는 문장성분입니다. 그 가운데 정도보어는 술어의 '정도성'을 보충하여 주는 성분으로, 주어 + 동사 + 得 + 보어의 기본 형태를 취하며, 부정의 경우 정도보어 앞에 '不'를 사용합니다.

你来得早。
너 빨리 왔구나.

你的汉语说得非常好。
중국어를 매우 잘 하는구나.

他吃得不多。
그는 별로 많이 먹지 않는다.

他打篮球打得不好。
그는 농구를 잘 못한다.

[오류]
*他不吃得多, *他不打篮球打得好

2. 정반의문문

: 중국어에서 의문을 표현하는 형식 중 하나로 술어의 주요 성분인 동사, 조동사, 형용사 등을 '긍정 + 부정'의 형식으로 병렬시켜 만든다.

路上堵不堵车？
가는 길에 차가 막히지는 않습니까?

他会不会说汉语？
그는 중국어를 할 수 있습니까?

这本书好不好？
이 책은 좋습니까?

[오류]
*你们去不去吗？, *你有没有手机吗？
정반의문문에는 문장 끝에 의문사 '吗'를 붙이지 않는다.

3. 从

: 개사 '从'은 장소를 가리키는 단어와 결합하여 장소를 나타내는 것 외에도 시간을 가리키는 단어와 결합하여 시간을 나타낼 수 있다.

从机场到北京大学不远。
공항에서 북경대학까지는 멀지 않다.

从天安门到西单不太远。
천안문에서 시딴까지는 별로 멀지 않다.

我们从八点开始上课。
8시부터 수업 시작이다.

从明天下午开始放假。
내일 오후부터 방학이 시작된다.

练习

1. 在哪儿 + ~ : 어디에서 ~하나요?

我们在哪儿吃饭?

铅笔	买
我们	见
你们	练习中文
你爸爸	工作

2. 从 ~ 到 : ~에서 ~까지

从北京大学到中关村要多长时间?

机场	市中心
邮局	银行
你家	学校
北京大学	清华大学

3. 다음 단어들을 재배열하여 문장을 만들어 보세요.

流利/你/说/很/普通/话/得 →

我们/得/手续/办/快/这次/很/办 →

很/我/得/北京/吃/好/在 →

不/明天/来/聚会/来/的/你 →

4. 본문의 生词 목록을 활용하여 2인 1조로 다음의 질문에 묻고 대답해 보세요.

你去过中国吗？

你喜欢中国的哪些地方？

去中国旅行你需要准备什么?

한자 쓰기

办 bàn					
境 jìng					
续 xù					
护 hù					
照 zhào					
需 xū					
算 suàn					
傅 fu					
概 gài					
堵 dǔ					

第二课

校园生活

Xiàoyuán shēnghuó

课文

1.

泰 民： 请问，外国留学生办公室在哪儿？
Qǐngwèn, wàiguó liúxuéshēng Bàngōngshì zài nǎr?

学 生： 我也不太清楚。
Wǒ yě bú tài qīngchu.

请你稍等，我帮你问问。
Qǐng nǐ shāo děng, wǒ bāng nǐ wèn wèn.

学 生： 你是从哪里来的？
Nǐ shì cóng nǎlǐ lái de?

泰 民： 我是韩国人。
Wǒ shì hánguó rén.

学 生： 真的吗？ 看不出来。我带你去。
Zhēn de ma? Kànbuchūlái. Wǒ dài nǐ qù.

泰 民： 是不是太麻烦你了？
Shì bú shì tài máfan nǐ le?

学 生： 没事，一点儿也不麻烦。
Méishì, yìdiǎnr yě bù máfan.

泰　民：谢谢你。
Xièxie nǐ.

留学生办公室离这儿远不远？
Liúxuéshēng bàngōngshì lí zhèr yuǎn Bù yuǎn?

学　生：不太远。
Bútài yuǎn.

走！我们边走边聊吧！
Zǒu！Wǒmen biān zǒu biān liáo ba！

2.

泰　民：我们什么时候开始选课呢?
Wǒmen shénme shíhou kāishǐ xuǎn kè ne?

助　教：下周一开始。
Xià zhōu yī kāishǐ.

泰　民：是网上申请，
Shì wǎngshàng shēnqǐng,

还是到办公室来申请？
Háishì dào bàngōngshì lái shēnqǐng?

助　教：两个都可以。看你方便。
Liǎng ge dōu kěyǐ. Kàn nǐ fāngbiàn.

泰　民：以后还有机会改吗？
Yǐhòu hái yǒu jīhuì gǎi ma?

助　教：当然可以，
Dāngrán kěyǐ,

到时候我们会通知你。
Dào shíhou wǒmen huì tōngzhī nǐ .

泰　民：　教材都要自己在书店买吧。
Jiàocái dōu yào zìjǐ zài shūdiàn mǎi ba.

助　教：　是的。也可以在校外书店买。
Shì de. Yě kěyǐ zài xiàowài shūdiàn mǎi.

生词

校园	xiàoyuán	【명】	교정, 캠퍼스
外国	wàiguó	【명】	외국
留学生	liúxuéshēng	【명】	유학생
不太	bútài	【부】	그다지 ~하지 않다
稍	shāo	【부】	약간, 조금
清楚	qīngchu	【형/동】	분명하다, 확실히 알다
帮	bāng	【동】	돕다
看不出	kànbuchū	【동】	보고 알아 낼 수 없다 분간(구별)할 수 없다
带	dài	【동】	(사람을) 데려가다, (물건을) 지니다
一点儿	yìdiǎnr	【양】	조금, 아주 작은 수
开始	kāishǐ	【동】	시작하다, 개시하다
选课	xuǎnkè	【동】	수강 신청하다
网上	wǎngshàng	【명】	온라인
申请	shēnqǐng	【동】	신청하다
办公室	bàngōngshì	【명】	사무실
方便	fāngbiàn	【형】	편리하다
机会	jīhuì	【명】	기회
当然	dāngrán	【부】	당연하다, 물론이다
通知	tōngzhī	【동】	통지하다, 알리다

教材	jiàocái	【명】 교재
书店	shūdiàn	【명】 서점
校外	xiàowài	【명】 학교 밖

说明

1. 是 ~ , 还是 ~

: 'A입니까 아니면 B입니까'를 묻는 선택형 의문문이다.

是网上申请，还是到办公室来申请？

온라인에서 신청합니까, 아니면 사무실에 와서 신청합니까?

你是喜欢喝咖啡，还是喜欢喝茶？

커피가 좋니, 아니면 차가 좋니?

你是明天去，还是后天去呢？

내일 가십니까, 아니면 모레 가십니까?

2. 问一问

: 중국어의 일부 1음절 동사는 음절수에 따라 몇가지 형식으로 중첩할 수 있고, 또 몇 가지의 의미를 지닌다.

1) 1음절 동사의 중첩형식

: 听听, 听一听, 听了听

2) 중첩의미

① 동작이나 행위의 짧은 지속이나 진행을 나타냄.

你看看问题就可以知道了。
문제를 보면 바로 알 수 있을 것이야.

② 시도의 의미 : "시험 삼아 한번 ~해 보다"

我们一起去尝尝中国菜吧。
우리 같이 중국음식을 한번 맛보러 가보자.

③ 가벼운 어투의 표현 : "이것도 하고 저것도 하고~"

星期天我常在家听听音乐，看看电影。
일요일에 나는 주로 집에서 음악도 듣고 영화도 본다.

练习

1. 什么时候开始～?：언제부터 ~를 합니까?

什么时候开始选课?

放假
学汉语
喜欢听韩国歌
办手续

2. (一)边 … (一)边：~하면서 (동시에) ~합니다.

他们一边听音乐一边看电视。

爸爸每天早上	吃早餐	看报纸
妈妈常常	洗衣服	接电话
我们	聊天	吃饭
很多人	锻炼	看电视

3. 다음 단어들을 재배열하여 문장을 만들어 보세요.

衣服/贵/买不起/这么/的/我 →

早上/课/我八点/去不了/的 →

电话/记不住/的/号码/你/我 →

作业/我/今天/写不完/的 →

4. 본문의 生词 목록을 활용하여 2인 1조로 다음의 질문에 묻고 대답해 보세요.

你有几个留学生朋友？
你怎么认识那些外国朋友的？
你们学校什么时候开始选课？
选课在哪儿选？教材贵不贵？

한자 쓰기

园 yuán					
留 liú					
楚 chǔ					
帮 bāng					
带 dài					
选 xuǎn					
课 kè					
室 shì					
便 biàn					
店 diàn					

第三课

您找谁？

Nín zhǎo shéi?

课文

1.

李老师： 您找谁？
Nín zhǎo shéi?

英　哲： 我想找李老师。
Wǒ xiǎng zhǎo lǐ lǎoshī.

李老师： 我就是。您是哪位？
Wǒ jiù shì. Nín shì nǎ wèi?

英　哲： 李老师，是我！英哲。
Lǐ lǎoshī, shì wǒ! Yīngzhé.

李老师： 是英哲吗！
Shì yīngzhé ma!

你是什么时候到的北京啊！
Nǐ shì shénme shíhou dào de běijīng a!

英　哲： 是前天到的。您都好吗？
Shì qiántiān dào de. Nín dōu hǎo ma?

李老师： 我很好, 你也都好吧。
Wǒ hěn hǎo, nǐ yě dōu hǎo ba.

你现在住在什么地方？
Nǐ xiànzài zhù zài shénme dìfāng?

英　哲： 我现在住在学校里的宿舍。
Wǒ xiànzài zhù zài xuéxiàolǐ de sùshè.

李老师： 有空到我家来玩儿。
Yǒu kòng dào wǒ jiā lái wánr.

英　哲： 谢谢！ 我会的。
Xièxie! Wǒ huì de.

2.

英　哲：国泰宾馆吗？
Guótài bīnguǎn ma?

我想订一个房间。
Wǒ xiǎng dìng yíge fángjiān.

前　台：好的。您要住几天？
Hǎo de. Nín yào zhù jǐ tiān?

英　哲：从5月1号到5月3号，
Cóng wǔ yuè yī hào dào wǔ yuè sān hào,

住两天。
Zhù liǎng tiān.

前　台：您要哪种房间，
Nín yào nǎ zhǒng fángjiān,

单人房还是双人房？
Dānrénfáng háishì shuāngrénfáng?

英　哲：我要双人房。
Wǒ yào shuāngrénfáng.

前　台：　您要标准间，还是商务间？
Nín yào biāozhǔnjiān, háishì shāngwùjiān.

英　哲：　我要标准间。
Wǒ yào biāozhǔnjiān .

前　台：　可以了。我已经帮您订好了。
Kěyǐ le. Wǒ yǐjīng bāng nín dìng hǎo le.

英　哲：　谢谢你！再见！
Xièxie nǐ！Zàijiàn！

生词

找	zhǎo	【동】	(사람, 물건) ~을 찾다
哪	nǎ	【대】	무엇, 어느 것
位	wèi	【양】	분(공경의 뜻을 내포함)
什么时候	shénme shíhou	【대】	언제
到	dào	【동】	도착하다
前天	qiántiān	【명】	그저께
地方	dìfāng	【명】	장소, 곳
有空	yǒukòng	【동】	틈이 나다, 시간이 나다, 여유가 생기다
号码	hàomǎ	【명】	번호
宾馆	bīnguǎn	【명】	호텔
订	dìng	【동】	(호텔 방, 기차표 등을) 예약하다
住	zhù	【동】	묵다, 살다
房间	fángjiān	【명】	방
单人	dānrén	【명】	1인, 한 사람
双人	shuāngrén	【명】	2인, 두 사람
标准间	biāozhǔnjiān	【명】	일반실
商务间	shāngwùjiān	【명】	비즈니스 실
已经	yǐjing	【부】	이미

说明

1. 是 ~ 的

: "是…的"구문은 이미 발생한 동작의 시간, 장소, 방식을 강조할 때 사용된다. 강조하고자 하는 내용을 是과 的의 사이에 넣는다.

他们是2014年来的。(시간)
그들은 2014년에 왔다.

他们是从德国来的。(장소)
그들은 독일에서 왔다.

他们是坐地铁来的。(방식)
그들은 지하철을 타고 왔다.

- 강조하려는 내용이 짧고 단순한 경우에는 '是'를 생략할 수도 있다.

  我(是)坐火车来的。
  저는 기차를 타고 왔습니다.

- 긍정문에서는 是를 생략할 수도 있지만 부정문에서는 반드시 "不是"를 써야 한다.

  我不是坐飞机来的。我们不是跟朋友一起去的。
  저는 비행기를 타고 온 것이 아닙니다. 저희는 친구와 함께 가는 것이 아닙니다.

▪ 목적어의 위치

- 일반적인 경우

: 주어 + 是 + 시간/장소/방법 + 동사 + 的 + 목적어

我是前天到的广州。他是坐飞机去的美国。

我不是在书店里买的书。

- 목적어 뒤에 방향보어가 있을 경우

: 주어 + 是 + 시간/장소/방법 + 동사 + 목적어 + 방향보어 + 的

他是下午一点到公司去的。

2. 조동사(1) 想

: 조동사 '想'은 동사의 앞쪽에 놓여 '바람(~하고 싶다)'이나 '계획(~하려고 생각한다)'을 나타낸다.

我想看电影。
저는 영화를 보고 싶습니다.

我想去上海旅行。
저는 상해로 여행갈 생각입니다.

- '想'뒤에 절이 오면 '생각하다', 명사가 오면 '그리워하다'라는 뜻을 가진 동사로 쓰인다.

  我想这个问题很难。

  他在中国，特别想妈妈。

练习

1. 麻烦您帮我 + 동사 + 一下 ~ : 죄송하지만 ~하는 것 좀 도와주세요.

麻烦您帮我查一下北京饭店的电话号码。

订	一个房间
看	这样写可不可以？
转告他	我在公司的大厅等他呢
通知大家	我们六点在大厅集合

2. 我想订 ~ : ~를 예약하고 싶습니다.

我想订一个房间。

一张明天去上海的票
一个位子
一张软卧的
一间单人的

3. 다음 단어들을 재배열하여 문장을 만들어 보세요.

北京/我/去/吃/烤鸭/想 →

想/我/美术/妹妹/学习 →

韩国/买/很多/想/来/东西/中国人 →

家/我/都/不/一点/想 →

4. 본문의 生词 목록을 활용하여 2인 1조로 다음의 질문에 묻고 대답해 보세요.

你去过北京吗？你是什么时候去的北京？

你住了怎样的宾馆？住了几天？

한자 쓰기

找 zhǎo					
哪 nǎ					
位 wèi					
候 hòu					
码 mǎ					
馆 guǎn					
标 biāo					
准 zhǔn					
商 shāng					
经 jīng					

第四课

我要办事

Wǒ yào bànshì

课文

1.

爱 英： 打扰一下，
Dǎrǎo yíxià,

我想把美金换成人民币。
Wǒ xiǎng bǎ měijīn huàn chéng rénmínbì.

职 员： 可以看一下您的护照吗?
Kěyǐ kàn yíxià nín de hùzhào ma?

爱 英： 当然可以。
Dāngrán kěyǐ.

职 员： 您想换多少？
Nín xiǎng huàn duōshǎo?

爱 英： 500元。今天的汇率是多少？
Wǔ bǎi yuán. Jīntiān de huìlǜ shì duōshǎo?

职 员： 今天的汇率是1美元兑6.01人民币。
Jīntiān de huìlǜ shì yī měiyuán duì liù diǎn líng yī rénmínbì.

还要办别的事吗？
Háiyào bàn bié de shì ma?

爱　英： 我想开个户头，是定期存款的。
Wǒ xiǎng kāi ge hùtóu, shì dìngqī cúnkuǎn de.

职　员： 好的。
Hǎode.

请您填写这张申请表格并签名。
Qǐng nín tiánxiě zhè zhāng shēnqǐng biǎogé bìng qiānmíng.

要不要办卡？
Yàobúyào bàn kǎ?

爱　英： 我要办卡。谢谢！
Wǒ yào bàn kǎ. Xièxie

2.

爱　英：我想寄一封信到首尔。
Wǒ xiǎng jì yì fēng xìn dào shǒu'ěr.

职　员：是航空信吗？
Shì hángkōng xìn ma?

爱　英：是的。要贴多少钱的邮票？
Shì de. Yào tiē duōshǎo qián de yóupiào?

职　员：要贴50块钱的。
Yào tiē wǔ shí kuài qián de.

爱　英：寄到首尔需要多少天？
Jì dào shǒu'ěr xūyào duōshǎo tiān?

职　员：您寄航空信的话，
Nín jì hángkōng xìn de huà,

大约要一周时间。
Dàyuē yào yì zhōu shíjiān.

还有别的事吗，小姐？
Háiyǒu biéde shì ma, xiǎojiě?

爱　英：我想把这个包裹寄到上海。
Wǒ xiǎng bǎ zhège bāoguǒ jì dào shànghǎi.

职　员： 里面装有什么？
Lǐ mian zhuāng yǒu shénme?

爱　英： 没什么贵重的，
Méi shénmē guìzhòng de,

大部分是旧杂志，
Dàbùfèn shì jiù zázhì,

还有一些英文报纸。
Hái yǒu yìxiē yīngwén bàozhǐ.

职　员： 好的，请您填一下包裹单。
Hǎo de, qǐng nín tián yíxià bāoguǒdān.

生词

办事	bànshì	【동】	일을 처리하다, 일을 보다
打扰	dărăo	【동】	방해하다, 지장을 주다
把	bă	【개】	~을(를) (목적어를 문장의 앞쪽으로 놓을 때 사용)
美金	měijīn	【명】	(미국) 달러
换	huàn	【동】	교환하다, 바꾸다
人民币	rénmínbì	【명】	(중국 화폐) 인민폐
汇率	huìlǜ	【명】	환율
开	kāi	【동】	(계좌를) 열다(만들다)
户头	hùtóu	【명】	계좌
定期	dìngqī	【형】	정기의, 정기적인
存款	cúnkuăn	【동】	저금(예금)하다
填写	tiánxiě	【동】	(일정한 양식에) 써 넣다, 기입하다
表格	biăogé	【명】	표, 양식
签名	qiānmíng	【동】	사인하다
卡	kă	【명】	카드
寄	jì	【동】	(편지를) 부치다
航空信	hángkōng xìn	【명】	항공 우편
贴	tiē	【동】	(우표를) 붙이다
邮票	yóupiào	【명】	우표

大约	dàyuē	【부】 대략, 대강, 얼추
包裹	bāoguǒ	【명】 소포
贵重	guìzhòng	【형】 귀중하다, 중요하다
大部分	dàbùfen	【명】 대부분
旧	jiù	【형】 오래되다, 옛날의
杂志	zázhì	【명】 잡지
报纸	bàozhǐ	【명】 신문

说明

1. ‘把’

: ‘把’자문은 동작이 어떤 사물을 어떻게 처리했는가와 그 처리 결과를 강조하여 설명할 경우에 주로 사용된다. 어순은 주어 + 把 + 목적어(사람이나 사물) + 동사 + 기타성분 순이며, 술어 앞에 위치한다.

我妹妹把钱包丢了。
내 여동생이 돈지갑을 잃어버렸다.

你把你的意见说一说。
당신의 의견을 말해보세요.

我把这个消息告诉他。
이 소식을 그에게 전할게.

他把空调修好了。
그가 에어컨을 수리했다.

- 부정부사, 조동사, 혹은 시간을 나타내는 부사어는 반드시 '把'의 앞쪽에 놓아야 한다..

他快把电视关上。

我还没把这部电影看了。

你能把这篇文章翻译成汉语吗？

我昨天把这本书还给李老师。

[오류]

*我把作业做得完。→ 我能把作业做完。(〇)

가능보어는 '把'자 구문에 쓸 수 없다.

2. 由 "~으로", "~에 의해"

: 행위자를 표시하는 개사로, 행위자를 이끌어 내거나 원인을 나타낸다.

今天的会议由我来主持。
오늘의 회의는 제가 사회를 맡겠습니다.

这些问题由我来回答。
이 문제들은 제가 답하겠습니다.

你的头痛是由感冒引起的。
너의 두통은 감기로 인해 생긴 것이다.

练习

1. 我想 ~ : ~하려고 합니다.

我想换钱。

买邮票
去买东西
用人民币换韩币
出去走一走

2. ~, 还有别的事吗? : 또 다른 (필요하신) 일 있으세요?

我已经把你的行李搬到房间里了, 还有别的事吗?

今天的课到此结束
一只北京烤鸭和两碗寿面
一共买一斤橘子和一个西瓜
给您三本汉语课本

3. 다음 단어들을 재배열하여 문장을 만들어 보세요.

完/那/了/喝/杯/我/喝/把/咖啡 →

在/把/外边/停/请/自行车 →

医院/我/你/去/吧/明天/送/把 →

成/请/换/韩币/把/人民币 →

4. 본문의 生词 목록을 활용하여 2인 1조로 다음의 질문에 묻고 대답해 보세요.

在韩国去哪儿换人民币？最近的汇率大概是多少？

寄包裹到中国，邮费贵不贵？大概多少钱？

한자 쓰기

扰 rǎo					
率 lǜ					
款 kuǎn					
填 tián					
格 gé					
签 qiān					
寄 jì					
贴 tiē					
邮 yóu					
裹 guǒ					

第五课

去看病

Qù kànbìng

课文

1.

李老师： 你怎么了？你的气色不太好。
Nǐ zěnme le? Nǐ de qìsè bútài hǎo.

英 哲： 我觉得有点儿不舒服。
Wǒ juéde yǒudiǎnr bù shūfu.

李老师： 你发烧了。去看医生吧。
Nǐ fāshāo le. Qù kàn yīshēng ba.

英 哲： 太麻烦了，就是有点感冒，
Tài máfan le, jiùshì yǒudiǎn gǎnmào,

吃药之后就会没事了。
Chī yào zhīhòu jiù huì méi shì le.

李老师： 我看你好像很难受。
Wǒ kàn nǐ hǎoxiàng hěn nánshòu.

我想你应该去看医生。
Wǒ xiǎng nǐ yīnggāi qù kàn yīshēng.

我送你去医院。
Wǒ sòng nǐ qù yīyuàn.

（到医院）

医　生：你怎么了。哪儿不舒服？
Nǐ zěnme le. Nǎr bù shūfu?

英　哲：今天早晨起床，我头疼，
Jīntiān zǎochén qǐchuáng, wǒ tóuténg,

嗓子也疼，还咳嗽。
Sǎngzi yě téng, hái késou.

医　生：有没有呕吐？
Yǒuméiyǒu ǒutù?

英 哲： 没有。但是我没有食欲。
Méiyǒu. Dànshì wǒ méiyǒu shíyù.

医 生： ....好的，我给你开个药。
....Hǎo de, wǒ gěi nǐ kāi ge yào.

按时吃药，休息会儿就会好的。
Àn shí chī yào, xiūxi huìr jiù huì hǎo de.

英 哲： 谢谢！
Xièxie!

2.

泰　民： 老师，听同学们说，您住院了。
Lǎoshī, tīng tóngxué men shuō, nín zhù yuàn le.

您现在觉得怎么样？
Nín xiànzài juéde zěnmeyàng?

李老师： 谢谢你来看我。
Xièxie nǐ lái kàn wǒ.

我现在感觉好多了。
Wǒ xiànzài gǎnjué hǎo duō le.

泰　民： 我给您买了些水果，还有一些补品。
Wǒ gěi nín mǎi le xiē shuǐguǒ, hái yǒu yìxiē bǔpǐn.

这是我的一点儿心意。
Zhè shì wǒ de yìdiǎnr xīnyì.

李老师： 哎呀，你何必这么客气。
Āiyā， nǐ hébì zhème kèqi.

泰　民： 老师，您不要担心，
Lǎoshī, nín búyào dānxīn,

很快就会好的。
Hěn kuài jiù huì hǎo de.

李老师： 谢谢你的安慰。
Xièxie nǐ de ānwèi.

泰　民： 您什么时候可以出院？
Nín shénme shíhou kěyǐ chūyuàn?

我来接您。
Wǒ lái jiē nín.

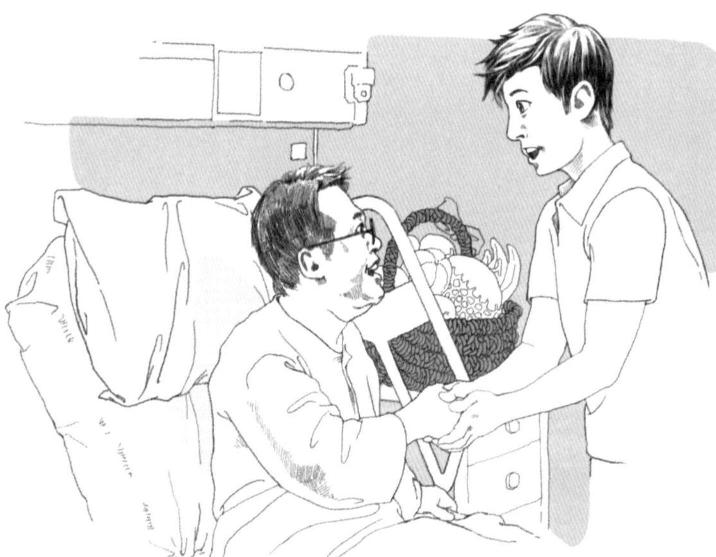

李老师： 医生说下周就能出院了。
Yīshēng shuō xiàzhōu jiù néng chūyuàn le.

不过你不必来接我。
Búguò nǐ búbì lái jiē wǒ.

泰 民： 老师，注意身体。
Lǎoshī, zhùyì shēntǐ.

希望您早日康复。
Xīwàng nín zǎorì kāngfù.

李老师： 谢谢你的关心！
Xièxie nǐ de guānxīn!

生词

看病	kànbìng	【동】	진찰하다, 진찰을 받다
气色	qìsè	【명】	안색, 혈색, 얼굴빛
舒服	shūfu	【형】	(몸, 마음이) 편안하다, 쾌적하다
发烧	fāshāo	【동】	열이 나다
感冒	gǎnmào	【명/동】	감기(걸리다)
吃药	chīyào	【동】	약을 먹다
没事	méishì	【동】	괜찮다, 상관없다
难受	nánshòu	【형】	(몸이) 불편하다, 괴롭다
应该	yīnggāi	【조】	…해야 한다, ~하는 것이 마땅하다
早晨	zǎochén	【명】	아침, 오전
起床	qǐchuáng	【동】	(잠자리에서) 일어나다
头疼	tóuténg	【동】	머리가 아프다
嗓子	sǎngzi	【명】	목구멍, 목
疼	téng	【형】	아프다
咳嗽	késou	【동】	기침하다
呕吐	ǒutù	【동】	구토하다
食欲	shíyù	【명】	식욕
开药	kāiyào	【동】	약을 주다, 처방을 하다
休息	xiūxi	【동】	휴식하다

住院	zhùyuàn	【동】	입원하다
探病	tànbìng	【동】	병문안하다
补品	bǔpǐn	【명】	보양식품, 강장제
心意	xīnyì	【명】	성의, 마음, 뜻
何必	hébì	【부】	~할 필요가 있는가, ~할 필요가 없다
客气	kèqi	【형/동】	예의나 체면을 차리다, 사양하다
担心	dānxīn	【동】	걱정하다, 염려하다
康复	kāngfù	【동】	건강을 회복하다
安慰	ānwèi	【동】	위로하다
注意	zhùyì	【동】	조심하다, 주의하다
身体	shēntǐ	【명】	몸, 신체, 건강
关心	guānxīn	【동】	(사람 또는 사물에) 관심을 갖다

说明

1. 시태조사 (了$_1$)

: 시태조사 '了$_1$'는 문장에서 동사 뒤에 놓여 사건의 '완료'를 표현한다.

他喝了一杯啤酒。
그는 맥주 한잔을 마셨다.

: 이때 문장의 부정 형식은 동사 앞에 没有를 붙이며, 이때 완료를 나타내는 '了'는 생략한다.

他喝了一杯啤酒。→ 他没喝酒。
그는 맥주 한잔을 마셨다. → 그는 술을 마시지 않았다.

昨天你们去了学校吗？ → 昨天我们没去学校。
어제 너희는 학교에 갔니? → 어제 우리는 학교에 가지 않았다.

: 시태조사 '了$_1$'뒤의 목적어 자리에 출현하는 명사구는 수량사나 기타 한정어를 수반한다.

他走了一个星期。我买了两斤苹果。
그는 일주일간을 떠나 있었다. 나는 사과 두 근을 샀다.

2. 어기조사 (了$_2$)

: 어기조사 '了$_2$'는 문장 전체의 마지막 위치에 출현하여 사건 혹은 상황이 임박했거나 새롭게 변화했음을 나타낸다. 한 문장의 마지막 성분 무엇인지에 따라, 어기조사 '了$_2$'는 명사성/형용사성/동사성 성분 뒤에 다양하게 출현할 수 있다.

他今年二十六岁了。(명사성 성분 뒤에 위치)
그는 올해 26세가 되었다.

时间不早了。(형용사성 성분 뒤에 위치)
시간이 늦었다.

我昨天去天安门了。我朋友来北京了，明天我陪他去颐和园了。(동사와 목적어로 이루어진 동사구 뒤에 위치)
나는 어제 천안문에 갔었다. 내 친구가 북경에 왔다. 내일 나는 그를 데리고 이화원에 가게 되었다.

他们快要毕业了。(동사성 성분 뒤에 위치)
그들은 곧 졸업할 것이다.

3. 조동사(2) : 会

1) 조동사 '会'는 동사 앞에 쓰여 미래에 대한 추측과 가능성을 나타낸다. 부정은 '不会'이며 단독으로 쓰일 수 있다.

明天会下雨。
내일 비가 올 것이다.

已经开始上课了，他不会来了。
이미 수업이 시작되었다. 그는 오지 않을 것이다.

2) 조동사 '会'는 학습, 훈련, 연습으로 터득한 능력에 대해서도 쓰인다.

他们会说英文。
그들은 영어를 말할 줄 안다.

你会开车吗？
당신은 운전을 할 줄 압니까?

他不会用电脑。
그는 컴퓨터를 할 줄 모른다.

练习

1. ~ 不太好 : ~는 별로 좋지 않은 것 같아요.

你的气色不太好。

这个衣服
今天的天气
一边上课一边玩手机
我们订的房间

2. 你别麻烦了 : 번거롭게 할 필요 없어요.

我们都吃过饭了, 你别麻烦了。

这件事情已经处理好了
我已经告诉他了
我自己能去机场
坐出租车就很方便

3. 다음 단어들을 재배열하여 문장을 만들어 보세요.

不/汉语/说/会/你/会？ →

会/钢琴/谁/弹 →

写/个/我/这/汉字/会 →

生日/不/的/他/会/我/聚会/参加 →

4. 본문의 生词 목록을 활용하여 2인 1조로 다음의 질문에 묻고 대답해 보세요.

你住过院吗？是什么时候的事？请说说当时你的感想。

感冒的时候你怎么保养身体的？

한자 쓰기

舒	shū
烧	shāo
晨	chén
嗓	sǎng
咳	téng
嗽	sòu
欲	yù
探	tàn
康	kāng
慰	wèi

第六课

买东西

Mǎi dōngxī

课文

1.

售货员： 欢迎光临，您需要点儿什么？
Huānyíng guānglín, nín xūyào diǎnr shénme?

英　哲： 我想随便看一看。
Wǒ xiǎng suíbiàn kàn yí kàn.

牙刷和牙膏在哪儿？
Yáshuā hé yágāo zài nǎr?

售货员： 在您左边的货架上。还要别的吗？
Zài nín zuǒbiān de huòjiàshang. Hái yào biéde ma?

英　哲： 葡萄和苹果多少钱一斤？
Pútao hé píngguǒ duōshǎo qián yì jīn?

售货员： 葡萄是五块钱一斤，
Pútao shì wǔ kuài qián yì jīn,

苹果是八块钱一斤。
Píngguǒ shì bā kuài qián yì jīn.

英 哲： 给我来四斤葡萄和三斤苹果。
Gěi wǒ lái sìjīn pútao hé sānjīn píngguǒ.

售货员： 连牙刷和牙膏一起，
Lián yáshuā hé yágāo yìqǐ,

一共一百二十五块。
Yígòng yībǎi' èrshí wǔ kuài.

英 哲： 我给您两百块。
Wǒ gěi nín liǎng bǎi kuài.

售货员： 找您七十五块。
Zhǎo nín qīshíwǔ kuài.

2.

售货员：您好，您要买什么？
Nín hǎo, nín yào mǎi shénme?

英　哲：我想给我女朋友买条裙子。
Wǒ xiǎng gěi wǒ nǚ péngyou mǎi tiáo qúnzi.

售货员：这边请，她穿多大号的，
Zhèbiān qǐng, tā chuān duō dà hào de,

喜欢什么颜色的？
Xǐhuān shénme yánsè de?

英　哲：她穿四十号的，喜欢红色的。
Tā chuān sìshí hào de, xǐhuān hóngsè de.

售货员：这条怎么样？
Zhè tiáo zěnmeyàng?

这是最新款，一定适合她。
Zhè shì zuì xīn kuǎn, yídìng shìhé tā.

英　哲：让我看看。看起来不错。
Ràng wǒ kànkàn. Kàn qǐlái búcuò.

多少钱？
Duōshǎo qián?

售货员： 两千五百块钱。
Liǎng qiān wǔ bǎi kuài qián.

英　哲： 太贵了，便宜点儿好吗？
Tài guì le, piányi diǎnr hǎo ma?

售货员： 好，算你两千二吧，不能再便宜了。
Hǎo, suàn nǐ liǎng qiān èr ba, bù néng zài piányi le.

英　哲： 能刷卡吗？
Néng shuā kǎ ma?

售货员： 当然可以，我帮你刷。
Dāngrán kěyǐ, wǒ bāng nǐ shuā.

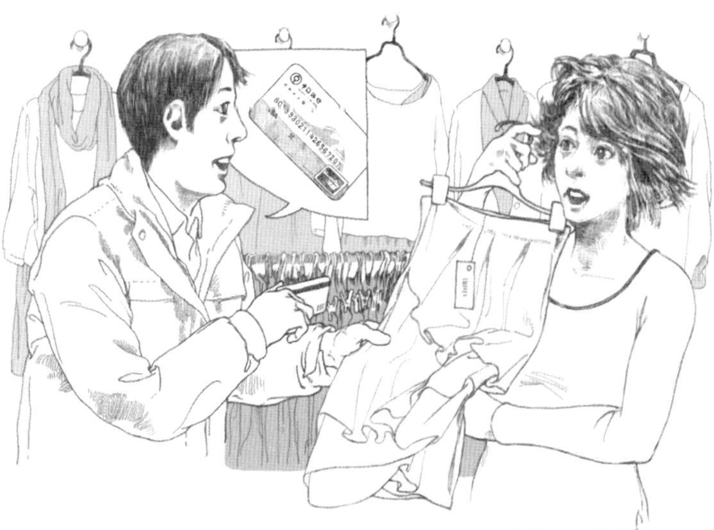

生词

需要	xūyào	【동】 필요하다, 요구되다
随便	suíbiàn	【부/동/형】 마음대로 하다, ~좋을 대로 하다
便宜	piányi	【형】 (값이) 싸다
贵	guì	【형】 (값이) 비싸다
牙刷	yáshuā	【명】 칫솔
牙膏	yágāo	【명】 치약
货架	huòjià	【명】 상품 진열대
一共	yígòng	【부】 모두, 전체, 합쳐서
斤	jīn	【양】 근
找	zhǎo	【동】 (돈을) 거슬러 주다
葡萄	pútáo	【명】 포도
苹果	píngguǒ	【명】 사과
裙子	qúnzi	【명】 치마
颜色	yánsè	【명】 색깔
红色	hóngsè	【명】 붉은색
款	kuǎn	【명】 스타일, 패턴, 디자인
合适	héshì	【형】 적당하다, 알맞다
刷卡	shuā kǎ	【동】 카드를 긁다, 카드결제하다
欢迎光临	huānyíng guānglín	어서 오십시오
多少钱	duōshǎo qián	얼마입니까?

说明

1. 조동사(3) 能

: 조동사 能과 可以는 어떤 능력이나 가능성을 지니고 있음을 나타낸다. 또한 객관적인 허가나 허락을 나타내기도 한다.

他能用汉语写日记。(가능)
그는 중국어로 일기를 쓸 수 있다.

你去超市的时候，能帮我买本报子。(가능)
마트에 갔을 때, 나에게 공책 한 권 사다 줄 수 있니?

我的房间里可以放一张大床。(가능)
내 방안에 큰 침대를 하나 놓을 수 있다.

他们正在开会，你们不能进去。(허가)
그들은 막 회의 중이다. 당신들이 들어가면 안 됩니다.

你们可以回家了。(허가)
집에 가도 됩니다.

- 能과 可以의 부정형으로는 일반적으로 모두 "不能"을 쓰고, 금지를 나타낼 경우에만 "不可以"를 쓴다.

A：妈妈今天我可以不去上课吗？

B：<u>不可以</u>不去。

2. 개사 "给"

: 给는 주로 동사로 사용되지만, 개사로서 동작이나 행위의 혜택을 받는 대상을 이끌어 내는데 사용할 수 있다.

주로 "~위해서", "~에게", "~를 대신해서"라는 의미로 사용된다.

他给我做过衣服。
그가 나에게 옷을 만들어 준 적이 있다.

我给你介绍一下。
너에게 소개해줄게.

我给他买了些水果。
그에게 과일을 좀 사다 주었다.

3. 빈도부사 再

: 빈도부사 "再"는 하나의 동작 또는 상태의 반복 혹은 계속됨을 나타낸다.

1) 같은 동작, 행위의 중복, 계속을 나타냄.

去年我去过北京，今年再想去。

2) …한 후에 …하다.

请您吃了饭再喝咖啡。

3) 再不 더 이상 ..하지 않다

再也 (不/没) 다시는 …하지 않다, '영원히…하지 않겠다'

我们再不能迟到。

我再也不理他了。

从那天开始，我再也没看到他。

练习

1. 你喜欢什么 ~ ? : 어떤 ~을 좋아하세요?

你喜欢什么颜色?

牌子的衣服
菜
音乐
课

2. 请问, ~ 怎么走? : 말씀좀 묻겠습니다. ~는 어떻게 가나요?

请问, 火车站怎么走?

北京南站
西单
北海公园
学生餐厅

3. 다음 단어들을 재배열하여 문장을 만들어 보세요.

吗/能/你/汉语/教/我 →

多少/喝/酒/能/你 →

可/家人/你/不/可以/一下/你/介绍 →

可以/这儿/吃/东西/不 →

4. 본문의 生词 목록을 활용하여 2인 1조로 다음의 질문에 묻고 대답해 보세요.

你常去哪儿买衣服？
你喜欢什么样的衣服？
你穿多大号的？
水果和生活用品哪儿卖得更便宜，韩国还是中国？

한자 쓰기

随 suí					
刷 shuā					
临 lín					
膏 gāo					
葡 pú					
苹 píng					
裙 qún					
颜 yán					
款 kuǎn					
刷 shuā					

第七课

约朋友

Yuē péngyou

课文

1.

泰　民：王明，你现在哪里？
Wáng Míng, nǐ xiànzài nǎlǐ?

我们不是约的下午3点吗？
Wǒmen bú shì yuē de xiàwǔ sāndiǎn ma?

王　明：我在路上呢。十分钟就到了。
Wǒ zài lù shàng ne. Shífēnzhōng jiù dào le.

泰　民：我知道了。别急！
Wǒ zhīdào le. Biéjí!

我在世贸中心二楼的星巴克等你。
Wǒ zài shìmào zhōngxīn èr lóu de xīngbākè děng nǐ.

王　明：我迟到了。对不起！
Wǒ chídào le. Duìbùqǐ!

让你久等了。路上堵车把我急死了。
Ràng nǐ jiǔ děng le. Lù shang dǔ chē bǎ wǒ jí sǐ le.

泰 民： 没关系，我也刚到。
Méiguānxi, wǒ yě gāng dào.

我是坐地铁来的，不过人也特别多。
Wǒ shì zuò dìtiě lái de, búguò rén yě tèbié duō.

王 明： 是吧？今天是星期天嘛！
Shì ba? Jīntiān shì xīngqītiān ma!

所以出来玩的人特别多。
Suǒyǐ chūlái wán de rén tèbié duō.

泰　民： 我们来喝点什么吧？
Wǒmen lái hē diǎn shénme ba?

我要冰美式咖啡，你呢？
Wǒ yào bīng měishì kāfēi, nǐ ne?

王　明： 我要一杯热拿铁。我来请客吧。
Wǒ yào yì bēi rè nátiě. Wǒ lái qǐng kè ba.

泰　民： 改天吧。
Gǎitiān ba.

反正今天是我约你出来的，由我来吧。
Fǎnzhèng jīntiān shì wǒ yuē nǐ chūlái de, yóu wǒ lái ba.

王　明： 那就恭敬不如从命了。
Nà jiù gōngjìng bùrú cóng mìng le.

2.

泰　民：北京的秋天真凉快，感觉非常舒服。
Běijīng de qiūtiān zhēn liángkuài, gănjué fēicháng shūfu.

小　桃：泰民，韩国秋天的天气怎么样？
Tàimín, hánguó qiūtiān de tiānqì zĕnmeyàng?

泰　民：跟北京的天气差不多。
Gēn bĕijīng de tiānqì chàbùduō.

要是你愿意去韩国的话，我带你去。
Yàoshì nĭ yuànyì qù hánguó de huà, wŏ dài nĭ qù.

小　桃：真的吗？你说话算数。
Zhēn de ma? Nĭ shuō huà suàn shù.

无论如何，今年我一定要去看看。
Wúlùn rúhé, jīnnián wŏ yídìng yào qù kàn kàn.

泰　民： 我有一个问题想问你。
Wǒ yǒu yíge wèntí xiǎng wèn nǐ.

小　桃： 好，你说吧。
Hǎo, nǐ shuō ba.

泰　民： 你为什么喜欢韩国，
Nǐ wèishénme xǐhuān hánguó,

如果去韩国的话，最想做什么？
Rúguǒ qù hánguó de huà, zuì xiǎng zuò shénme?

小 桃： 因为我喜欢听韩国歌曲，
Yīnwèi wǒ xǐhuān tīng hánguó gēqǔ,

所以如果有机会去韩国的话，
Suǒyǐ rúguǒ yǒu jīhuì qù hánguó de huà,

想去看看演唱会。
Xiǎng qù kàn kàn yǎnchànghuì.

泰 民： 好，到时候我们一起去看吧。
Hǎo, dào shíhòu wǒmen yìqǐ qù kàn ba.

生词

约	yuē	【동】	약속하다, 제한하다
路上	lùshang	【명】	길 가는 중, 도중, 길 위
迟到	chídào	【동】	지각하다, (약속 장소 등에) 늦다
改天	gǎitiān	【명】	후일, 다른 날, 나중에
世贸中心	Shìmào zhōngxīn	【명】	세계무역센터
星巴克	Xīngbākè	【명】	스타벅스
急死	jísǐ	【동】	몹시 초조하다, 애타다
刚到	gāng dào	【동】	방금 도착했다
点	diǎn	【동】	주문하다
美式咖啡	Měishì kāfēi	【명】	아메리카노
拿铁咖啡	nátiě kāfēi	【명】	카페라테
凉快	liángkuài	【형】	시원하다, 서늘하다
感觉	gǎnjué	【명/동】	느끼다, 여기다, 생각하다
舒服	shūfu	【형】	(몸이) 편안하다, 쾌적하다, 가볍다
天气	tiānqì	【명】	날씨
像	xiàng	【동/부】	~와 같다, 닮다, 비슷하다, 마치
要是	yàoshi	【접】	만약

愿意	yuànyì	【동】	(무엇을 하기를) 바라다, 희망하다
喜欢	xǐhuān	【동】	좋아하다
歌曲	gēqǔ	【명】	노래
因为	yīnwèi	【접】	…때문에
所以	suǒyǐ	【접】	그래서
演唱会	yǎnchànghuì	【명】	음악회
一起	yìqǐ	【부】	함께, 같이
别急	bié jí		조급해하지 마세요! 서두루지 마세요
无论如何	wúlùn rúhé		어찌되었든 간에, 어떻게 해서든지
说话算数	shuō huà suàn shù		말을 했으면 책임을 진다, 한 말은 꼭 지킨다
恭敬不如从命	gōngjìng bùrú cóng mìng		염치 불구하고 따르겠습니다

说明

1. “跟”을 이용한 비교 구문

: 중국어에서 ‘跟’을 이용하여 비교를 나타낼 수 있다.

1) A + 跟 + B + 差不多 : 비교 주체와 비교 대상이 거의 같음을 나타낸다.

北京的天气跟首尔差不多。

2) A + 跟 + B + 一样/不一样 : 비교 주체와 비교 대상이 동등하거나 다름을 나타낸다.

今天的天气跟昨天一样。

这本书的内容跟那本书不一样。

3) A + 跟 + B + 一样/不一样 + 비교 결과(동사/형용사)

说话跟写字一样重要。

这个人跟那个人不一样高。

- “一样” 앞에 ‘差不多’, ’几乎’, ’不太’ 등의 부사를 넣어 ‘정도가 근접했거나 충분하지 않다’라는 의미를 더해줄 수 있다.

我穿的衣服跟他<u>不太</u>一样。

我的看法跟他<u>几乎</u>一样。

2. 因为 ~ 所以

: 인과관계의 복문을 연결하는 접속사로서 원인과 결과의 관계를 나타낸다. 먼저 원인을 말하고, 뒤에 결과를 말한다.

因为有病，所以他不能上课。
병이 나서 그는 수업에 오지 못한다.

因为天气不好，所以我们决定不出去。
날씨가 안 좋아서 우리는 나가지 않기로 했다.

3. 要是 ~ 的话

: 가정관계의 복문을 연결하는 접속사로서 앞 절에서 가설의 조건을 제시하고 뒤 절에서는 가설에 따른 결과나 추론을 나타낸다.

要是便宜一点的话，我们就买了。
조금 더 싸다면 살 텐데.

要是天气好的话，我们就去天安门。
날씨가 좋으면 천안문에 가자.

练习

1. 无论如何：어찌되었든 간에,

无论如何，我明天得参加会议。

我都听你的

明年一定跟你一起度过圣诞节

你应该去看医生

我打算在北京呆一年

2. 到时候：때 되면

到时候我们一起去看吧。

我再告诉你

我带你去颐和园

我们再联系吧

我帮你选课吧

3. 다음 단어들을 재배열하여 문장을 만들어 보세요.

跟/一样/汇率/的/今天/昨天/汇率/的 →

大/跟/一样/我/他 →

一样/他/跟/大/鞋/的/我/的/鞋/不 →

热门/一样/专业/英文/专业/汉语/跟 →

4. 본문의 生词 목록을 활용하여 2인 1조로 다음의 질문에 묻고 대답해 보세요.

你觉得为什么有很多中国游客来韩国旅游呢？

你喜欢喝咖啡吗？你喜欢喝哪一种咖啡？为什么？

한자 쓰기

急 jí					
贸 mào					
铁 tiě					
咖 kā					
啡 fēi					
恭 gōng					
敬 jìng					
凉 liáng					
算 suàn					
演 yǎn					

第八课 请客

Qǐngkè

课文

1.

爱　英：今天晚上我请同学们到我家吃饭。
Jīntiān wǎnshàng wǒ qǐng tóngxuémen dào wǒ jiā chī fàn.

英哲，请你来帮忙。
Yīngzhé, qǐng nǐ lái bāngmáng.

英　哲：没问题！
Méiwèntí!

你想做什么菜给他们吃呢？
Nǐ xiǎng zuò shénme cài gěi tāmen chī ne?

爱　英：我想做韩国菜，比如说拌饭，
Wǒ xiǎng zuò hánguó cài, bǐrú shuō bànfàn,

烤肉，泡菜汤，葱饼等等。
Kǎoròu, pàocài tāng, cōngbǐng děng děng.

英　哲：可以是可以，不过有点儿担心他们
Kěyǐ shì kěyǐ, búguò yǒudiǎnr dānxīn tāmen

会不会喜欢吃你做的菜。哈哈。
Huì bu huì xǐhuān chī nǐ zuò de cài. Hāhā.

爱 英： 你在取笑我。
Nǐ zài qǔxiào wǒ.

英 哲： 不是，不是。给你开玩笑的。别生气。
Búshì, búshì. Gěi nǐ kāi wánxiào de. Bié shēngqì.

爱 英： 你不知道，我从小就喜欢做菜呢。
Nǐ bù zhīdào, wǒ cóng xiǎo jiù xǐhuān zuò cài ne.

英 哲： 原来如此，
Yuánlái rúcǐ,

上次你给我们做的炒饭也很好吃的。
Shàng cì nǐ gěi wǒmen zuò de chǎofàn yě hěn hǎochī de.

爱 英： 谢谢！如果你想吃什么，
Xièxie！ Rúguǒ nǐ xiǎng chī shénme,

请说出来，不要客气！
Qǐng shuō chūlái, búyào kèqi！

英 哲： 真的？一言为定！
Zhēn de？ Yìyánwéidìng！

2.

爱 英： 欢迎！欢迎！大家随便坐。
Huānyíng! Huānyíng! Dàjiā suíbiàn zuò.

小 桃： 爱英！
Àiyīng!

这些韩国菜都是你一个人做的吗？
Zhèxiē hánguó cài dōu shì nǐ yíge rén zuò de ma?

看起来很好吃。
Kàn qǐlái hěn hǎochī.

爱 英： 是，谢谢！
Shì, xièxie!

因为我不知道你们都喜欢吃什么，
Yīnwèi wǒ bù zhīdào nǐmen dōu xǐhuān chī shénme,

所以只好准备了我的拿手好菜。
Suǒyǐ zhǐhǎo zhǔnbèi le wǒ de náshǒuhǎocài.

王 明： 这就是泡菜吧。
Zhè jiùshì pàocài ba.

我以前在韩国餐厅吃过，有点儿辣。
Wǒ yǐqián zài hánguó cāntīng chī guò, yǒudiǎnr là.

力 波： 这道菜叫什么？好像用面条做的。
Zhè dào cài jiào shénme? Hǎoxiàng yòng miàntiáo zuò de.

爱 英： 这道菜叫拌杂菜。
Zhè dào cài jiào bànzácài.

是用唐面炒的，已经炒完了。
Shì yòng tángmiàn chǎo de, yǐjīng chǎo wán le.

爱 英： 好吧！
Hǎo bā!

我们一起来吃饭，免得菜凉了。
Wǒmen yìqǐ lái chīfàn, miǎndé cài liáng le.

(......)

小 桃： 韩国菜味道真不错，
Hánguó cài wèidào zhēn búcuò,

跟中国菜不同，油少，
Gēn zhōngguó cài bùtóng, yóu shǎo,

怎么吃也吃不饱。
Zěnme chī yě chībubǎo.

王　明：是，没错。
Shì, méicuò.

你经常在家里做韩国菜吃吗?
Nǐ jīngcháng zài jiālǐ zuò hánguó cài chī ma?

爱　英：偶尔，一般都在外边吃的。
Ǒu'ěr, yìbān dōu zài wàibiān chī de.

如果有人要，我帮你们打个包，
Rúguǒ yǒu rén yào, wǒ bāng nǐmen dǎgebāo,

可以带回家。
Kěyǐ dài huíjiā.

同学们：真的吗？
Zhēn de ma?

那我们不客气啦，谢谢你！ 爱英。
Nà wǒmen bú kèqi la, xièxie nǐ！ Àiyīng.

生词

请客	qǐngkè	【동】	접대하다, 밥을 사다, 한턱내다
帮忙	bāngmáng	【동】	일을 돕다, 도움을 주다
菜	cài	【명】	반찬, 요리
比如	bǐrú	【접】	예를 들다
拌饭	bàn fàn	【명】	비빔밥
烤肉	kǎoròu	【명】	불고기
泡菜	pàocài	【명】	김치
汤	tāng	【명】	뜨거운 물
葱饼	cōngbǐng	【명】	파전
担心	dānxīn	【동】	염려하다, 걱정하다
取笑	qǔxiào	【동】	비웃다
玩笑	wánxiào	【동/명】	농담하다
炒饭	chǎofàn	【명】	볶음밥
如果	rúguǒ	【접】	만약
只好	zhǐhǎo	【부】	부득이, 할 수 없이, 어쩔 수 없이
准备	zhǔnbèi	【동】	준비하다

拿手菜	náshǒucài	【명】	가장 자신 있는 요리
餐厅	cāntīng	【명】	식당
辣	là	【형】	맵다
好像	hǎoxiàng	【부/동】	마치 ~와 같다(비슷하다), 닮다, 유사하다
味道	wèidào	【명】	맛
偶尔	ǒu'ěr	【부】	때때로, 간혹, 이따금
拌杂菜	bànzácài	【명】	잡채
唐面	tángmiàn	【명】	당면
打包	dǎbāo	【동】	(종이, 천 등으로) 싸다, 포장하다
原来如此	yuánláirúcǐ		알고 보니 그렇다, 과연 그렇다

说明

1. 연동문

: 연동문은 주어 하나에 동사(구)가 2개 이상 이어지는 문장을 말한다. 연동문의 구조는 "주어 + 동사1(+ 목적어) + 동사2(+ 목적어)" 순으로 이루어진다. 동작이 행해지는 순서에 따라 선후 사건(…하고 나서 ~하다)이나 목적관계(…하러 ~하다)를 나타낸다. 또한 동사1은 동사2의 수단이나 방법(…로 ~하다)을 나타낸다.

他看完电影去买东西。(선후 사건)
그는 영화를 본 후 물건을 사러 간다.

奶奶去市场买菜。(목적)
할머니는 음식재료를 사러 시장에 가신다.

他骑自行车去学校。(수단)
그는 자전거를 타고 학교에 간다.

[주의]

*我没有时间去看医生。

明天是我太太的生日，要去百货店买礼物。

부정부사나 조동사는 일반적으로 동사1 앞에 온다.

*他有话要说。老师没有时间休息。

첫번째 술어가 '有/没有'인 연동문은 첫 번째 목적어가 두 번째 술어의 전제가 되거나, 행동 조건이 되는 경우가 많다. 따라서 해석할 때는 두 번째 술어를 먼저 해석해야 한다.

2. 免得

: 목적관계의 복문에 사용되는 접속사로서 "–하지 않도록"이라는 뜻으로 사용된다.

我决心多干一会儿，免得大家受累。

모두가 힘들지 않도록 내가 조금 더 오래 일하기로 했다.

我用功，免得考不及格。

나는 불합격하지 않도록 열심히 공부한다.

练习

1. ~一起来~ : 함께 ~합시다.

我们一起来玩游戏。

大家	干杯
我们	听听她唱歌
咱们	开个定期存款的户头
我们	填写申请表格

2. 看起来 : ~인 것 같아요.

看起来不一样。

他不是韩国人
不太合适
很适合你
你有点儿不舒服

3. 다음 단어들을 재배열하여 문장을 만들어 보세요.

我/课/学校/上/现在/回 →

去/玩儿/他/不/家/去/下午/朋友 →

不/家/玩儿/去/下午/朋友/他 →

刷/买/我/吗/卡/东西/能 →

4. 본문의 生词 목록을 활용하여 2인 1조로 다음의 질문에 묻고 대답해 보세요.

你会做菜吗？哪些是你的拿手菜？

你喜欢中国菜还是韩国菜？

中国菜跟韩国菜哪里不一样？

한자 쓰기

拌 bàn					
烤 kǎo					
泡 pào					
葱 cōng					
饼 bǐng					
杂 zá					
辣 là					
像 xiàng					
偶 ǒu					

第九课

北京游玩

Běijīng yóuwán

课文

1.

泰 民： 王明，是我。
Wángmíng, shì wǒ.

方便通话吗？我想请你帮个忙！
Fāngbiàn tōnghuà ma? Wǒ xiǎng qǐng nǐ bāng ge máng!

王 明： 什么事情，你说吧！
Shénme shìqing, nǐ shuō ba!

泰 民： 这个星期五有个德国朋友到北京来
Zhège xīngqī wǔ yǒu ge déguó péngyou dào běijīng lái

旅游。我想带他去转转。
Lǚyóu. Wǒ xiǎng dài tā qù zhuàn zhuàn.

王 明： 好！我给你推荐一个好玩的地方。
Hǎo! Wǒ gěi nǐ tuījiàn yíge hǎowán de dìfang.

泰　民：是什么地方？
Shì shénme dìfāng?

去那里坐什么比较方便？
Qù nàlǐ zuò shénme bǐjiào fāngbiàn?

王　明：可能你也知道，圆明园。
Kěnéng nǐ yě zhīdào, yuánmíngyuán.

坐地铁比较方便。
Zuò dìtiě bǐjiào fāngbiàn.

泰　民：当然知道，
Dāngrán zhīdào,

圆明园是个非常有名的旅游景点。
Yuánmíngyuán shì ge fēicháng yǒumíng de lǚyóu jǐngdiǎn.

王　明：是的。先坐一号线到西单，
Shì de. Xiān zuò yīhàoxiàn dào xīdān,

然后换四号线直接就到圆明园站。
Ránhòu huàn sìhàoxiàn zhíjiē jiù dào yuánmíngyuán zhàn.

泰　民：谢谢你，王明。
Xièxie nǐ, Wáng Míng.

改天我请你吃饭。再见！
Gǎitiān wǒ qǐng nǐ chīfàn. Zàijiàn!

2.

泰　民： 我已经在网上买了门票，
Wǒ yǐjīng zài wǎng shàng mǎi le ménpiào,

进去看看吧。
Jìn qù kàn kàn ba.

保　罗： 泰民，这里就是圆明园吧。
Tàimín, zhè li jiù shì yuánmíngyuán ba.

想不到这么大，这么漂亮。
Xiǎng bú dào zhème dà, zhème piàoliang.

泰　民： 圆明园是中国国家重点旅游景点。
Yuánmíngyuán shì zhōngguó guójiā zhòngdiǎn lǚyóu jǐngdiǎn.

保　罗： 圆明园有哪些著名的景点？
Yuánmíngyuán yǒu nǎxiē zhùmíng de jǐngdiǎn?

泰　民： 它是由圆明园，长春园，
Tā shì yóu yuánmíngyuán, chángchūnyuán,

绮春园三园组成的。
Qǐchūnyuán sān yuán zǔchéng de,

有著名的圆明园四十景。
Yǒu zhùmíng de yuánmíngyuán sìshí jǐng.

保　罗： 那么我们今天看哪些景点呢？
Nàme wǒmen jīntiān kàn nǎxiē jǐngdiǎn

ne?

泰　民：因为时间的关系，
Yīnwèi shíjiān de guānxi,

我们不能看全部的景点，
Wǒmen bùnéng kàn quánbù de jǐngdiǎn,

但是尽量争取多看吧。
Dànshì jìnliàng zhēngqǔ duō kàn ba.

保　罗：好吧！
Hǎoba!

我也全力配合你的时间安排。
Wǒ yě quánlì pèihé nǐ de shíjiān ānpái.

我们从哪里开始看呢？
Wǒmen cóng nǎlǐ kāishǐ kàn ne?

泰　民：那我们先去看正大光明殿吧。
Nà wǒmen xiān qù kàn zhèngdàguāngmíng diàn ba.

生词

方便	fāngbiàn	【형】	편리하다, 괜찮다
急	jí	【형】	급하다, 빠르다
推荐	tuījiàn	【동】	추천하다
地方	dìfāng	【명】	장소
不过	búguò	【접】	그러나
别的	biéde	【대】	다른 것
事情	shìqing	【명】	일, 사건
地铁	dìtiě	【명】	지하철
圆明园	Yuánmíngyuán	【명】	원명원
有名	yǒumíng	【형】	유명하다
旅游	lǚyóu	【동】	여행하다
景点	jǐngdiǎn	【명】	명소, 관광지, 경치가 좋은 곳
连	lián	【개】	~조차도
换	huàn	【동】	(지하철, 버스 등을) 바꾸어 타다, 환승하다
站	zhàn	【명】	(기차, 지하철 등)역
网上	wǎng shàng	【명】	인터넷상, 온라인상
门票	ménpiào	【명】	입장권
争取	zhēngqǔ	【동】	~하려고 힘쓰다, 실현하기 위해 노력하다
著名	zhùmíng	【형】	저명하다, 유명하다

说明

1. 가능보어

: 동작이나 행위가 어떤 결과나 상황에 도달 할 수 있는지의 여부를 보충 설명하는 성분입니다. 동사 뒤의 결과보어 또는 방향보어 앞에 조사 得/不를 넣어 "동사 + 得/不 + 보어"의 형식으로 만듭니다. 이런 형식은 주로 회화체에서 즐겨 쓰며, 부정형을 많이 씁니다.

1) 긍정문 : 주어 + 동사 + 得 + 결과보어/방향보어 + 목적어

你说得很慢，我听得懂。
당신이 천천히 말씀해 주셔서, 제가 알아 들을 수 있습니다.

今天晚上你回得来吗？
오늘 밤 당신은 돌아올 수 있습니까?

2) 부정문 : 주어 + 동사 + 不 + 결과보어/방향보어 + 목적어

东西不多，我买不到了。
물건이 많지 않아서, 저는 살 수 없었습니다.

我想不到圆明园这么大。
원명원이 이렇게 큰지는 미처 생각하지 못했어.

3) 의문문

你买得到明天的票吗？(吗의문문)
내일 표를 살 수 있습니까?

你看得懂看不懂(看不看得懂)英文报？(정반의문문)
당신은 영자신문을 읽을 수 있습니까?

- 가능보어의 목적어는 대부분 보어 뒤에 오거나 문장 앞에 온다.

我听不懂你的话。你的话我听不懂。
나는 당신의 말씀을 이해하지 못합니다.

- 여러가지 가능보어

吃不来 입에 맞지 않다
看不见 보이지 않다
想不通 납득이 가지 않다
睡不好 잠을 잘 못 이루다
来得及 늦지 않다
说不出 말을 꺼낼 수 없다
想不开 생각을 떨쳐버리지 못하다
听得见 들리다
找不到 찾을 수 없다

练习

1. 我会尽量争取 ~ : 가능한 ~하도록 하겠습니다.

我会尽量争取多买。

明天到公司
买到明天的机票
下周出院
早日康复

2. 我给你推荐 ~ : 당신에게 ~를 추천합니다.

我给你推荐一个好玩的地方。

北京著名的旅游景点
中国最好喝的啤酒
一条新款的裙子，请试试
一个很受欢迎的韩流歌手

3. 다음 단어들을 재배열하여 문장을 만들어 보세요.

吃/韩国/我/在/一家/饭馆/的/是 →

是/月/去/我/上/的/个 →

在/买/裙子/这/德国/的/条/是 →

是/上海/这/寄/包裹/到/的/个 →

4. 본문의 生词 목록을 활용하여 2인 1조로 다음의 질문에 묻고 대답해 보세요.

北京的旅游景点有哪些？
请推荐一下韩国有名的旅游景点。
那些地方怎么去比较方便？

한자 쓰기

急 jí					
推 tuī					
荐 jiàn					
圆 yuán					
游 yóu					
换 huàn					
站 zhàn					
票 piào					
著 zhù					
取 qǔ					

第十课

离开北京

Líkāi Běijīng

课文

1.

英　哲： 李老师，我明天要离开北京。
Lǐ lǎoshī, wǒ míngtiān yào líkāi běijīng.

我来跟您告别。
Wǒ lái gēn nín gàobié.

李老师： 英哲，恭喜你顺利完成学业。
Yīngzhé, gōngxǐ nǐ shùnlì wánchéng xuéyè.

希望你回国后能很快找到工作。
Xīwàng nǐ huíguó hòu néng hěnkuài zhǎodào gōngzuò.

英　哲： 谢谢老师。
Xièxie lǎoshī.

虽然我离开中国，
Suīrán wǒ líkāi zhōngguó,

但是我永远不会忘记您。
Dànshì wǒ yǒngyuǎn búhuì wàngjì nín.

李老师： 谢谢。一路顺风！
Xièxie. Yílùshùnfēng!

祝你成功！(...)
Zhù nǐ chénggōng! (...)

英　哲： 小桃，我能有今天离不开你的帮助，
Xiǎotáo, wǒ néng yǒu jīntiān líbukāi nǐ de bāngzhù,

不知道该怎么谢你。
Bù zhīdào gāi zěnme xiè nǐ.

小　桃：没帮你什么，都是朋友，应该的。
Méi bāng nǐ shénme, dōu shì péngyou, yīnggāi de.

我也为有你这样的朋友感到高兴。
Wǒ yě wèi yǒu nǐ zhèyàng de péngyou gǎndào gāoxìng.

英　哲：我们以后保持联系吧。
Wǒmen yǐhòu bǎochí liánxì ba.

如果你有机会到韩国，一定要找我。
Rúguǒ nǐ yǒu jīhuì dào hánguó, yídìng yào zhǎo wǒ.

小　桃：一言为定。
Yì yán wéi dìng.

过去那段美好的时光，
Guòqù nà duàn měihǎo de shíguāng,

留下的都是你我最珍贵的友谊。
Liúxià de dōu shì nǐ wǒ zhēnguì de yǒuyì.

英 哲： 让我们彼此祝福，
Ràng wǒmen bǐcǐ zhùfú,

愿未来美好，直到永远。
Yuàn wèilái měihǎo, zhí dào yǒngyuǎn.

2.

英　哲： 您好！
Nín hǎo!

去仁川的OZ339班机是在
Qù rénchuān de OZ sān sān jiǔ bānjī shì zài

这儿办登机手续吗？
Zhèr bàn dēngjī shǒuxù ma?

值机台： 是的。请出示您的护照。
Shì de. Qǐng chūshì nín de hùzhào.

您有行李要托运吗？
Nín yǒu xíngli yào tuōyùn ma?

英　哲： 有三件。
Yǒu sān jiàn.

这个公文包能作为手提行李吗？
Zhè ge gōngwén bāo néng zuò wéi shǒutí xíngli ma?

值机台： 可以，您喜欢什么座位？
Kěyǐ, nín xǐhuan shénme zuòwèi?

英　哲：第一排，靠走廊的位置。
Dì yī pái, kào zǒuláng de wèizhi.

值机台：对不起，靠走廊的座位没有了，
Duìbùqǐ, kào zǒuláng de zuòwèi méi yǒu le,

靠窗口的座位行吗？
Kào chuāngkǒu de zuòwèi xíng ma?

英　哲：行。今天客满了吗？
Xíng. Jīntiān kèmǎn le ma?

值机台： 是的。
Shì de.

给您护照，登机牌和行李牌。
Gěi nín hùzhào, dēngjīpái hé xíngli pái.

祝您旅途愉快！
Zhù nín lǚtú yúkuài!

英　哲： 谢谢！再见！
Xièxie! Zàijiàn!

生词

离开	líkāi	【동】	떠나다, 헤어지다
感谢	gǎnxiè	【동】	감사합니다
恭喜	gōngxǐ	【동】	축하하다
顺利	shùnlì	【형】	순조롭다, 일이 잘 되어가다
完成	wánchéng	【동】	완성하다, 끝내다, 완수하다
学业	xuéyè	【명】	학업
回国	huíguó	【동】	귀국하다
希望	xīwàng	【동】	희망하다, 바라다
成功	chénggōng	【동/형】	성공하다
该	gāi	【조】	…해야 한다
保持	bǎochí	【동】	유지하다
联系	liánxì	【동】	연락하다, 연결하다
时光	shíguāng	【명】	시간, 시기, 때
珍贵	zhēnguì	【형】	중시하다, 아끼고 사랑하다, 귀중하다
友谊	yǒuyì	【명】	우의, 우정
祝福	zhùfú	【동】	축복하다, 축원하다
登机	dēngjī	【동】	(비행기에) 탑승하다
手续	shǒuxù	【명】	수속, 절차
行李	xíngli	【명】	짐, 수화물

托运	tuōyùn	【동】	짐을 부치다
公文包	gōngwénbāo	【명】	서류가방
座位	zuòwèi	【명】	좌석
靠	kào	【동】	기대다, ~쪽의
走廊	zǒuláng	【명】	통로, 복도, 회랑
位置	wèizhi	【명】	위치
窗口	chuāngkǒu	【명】	창문, 창
客满	kèmǎn	【형】	(좌석이) 만원이다
起飞	qǐfēi	【동】	(비행기가) 이륙하다(날다)

说明

1. 虽然……但是

: 접속사 '虽然'과 '但是'는 전환관계를 나타내는 복문을 만들 수 있다. '虽然'은 첫 번째 문장의 주어 앞이나 주어 뒤에 놓이며, '但是'는 두 번째 문장의 앞에 놓인다.

今天我虽然很累，但是玩得很高兴。

오늘 비록 피곤하지만, 매우 즐겁게 놀았다.

虽然他没来过首尔，但是对首尔的情况知道得很多。

그는 서울에 와본 적이 없지만, 서울의 상황에 대해 아는 것이 많다.

2. 의문대명사 什么

: 의문대명사 '什么'는 의문문에 쓰여 의문을 나타내는 것 외에도 몇가지 특수 용법으로 사용된다.

- 불특정한 사물이나 사람을 가리킨다. '什么'를 생략해도 의미는 변하지 않으나 어조가 비교적 직설적이 된다.

  没什么可说的。你去上海，我没什么不放心的。

- '什么'에 '的'가 붙어 한 개의 요소나 몇 개의 병렬되는 요소 뒤에 쓰이면 '等等'혹은 '…之类'라는 의미를 나타낸다.

  我们今天给他买了水果，蔬菜，饮料什么的。

- '什么'는 임의의 대상을 가리키기도 하는데 '都'나 '也'의 앞에 쓰여 언급된 범위 내에 예외가 없음을 나타낸다.

  我弟弟感冒了，什么都不想吃。

  对昨天的事，我什么也不知道。

3. 동사 '让'을 이용한 겸어문

: 동사 '让'으로 이루어진 겸어문에도 다른 사람에게 어떤 일을 하도록 요구하는 의미가 있다.

他让我告诉你，后天去他家。

그가 모레 그의 집에 간다고 나더러 너에게 알려주라고 한다.

老师让我去办事情。

선생님께서 나더러 가서 일을 처리하라고 하신다.

公司让我到北京出差。

회사에서 나를 북경으로 출장을 가라고 한다.

练习

1. 不知道该 + ~ : 어떻게 ~해야 할지 모르겠습니다.

不知道该怎么办

怎么谢你
学点儿什么
做什么
点哪种咖啡

2. 你有 + ~ + ~ + 吗? : ~해야 할 ~이 있습니까?

你有行李 要托运的吗?

笔	要给他的
书	要还图书馆的
什么	可说的
东西	需要买的

3. 다음 단어들을 재배열하여 문장을 만들어 보세요.

她的同学们/我女朋友/我/让/帮助/来 →

咖啡/她/妈妈/让/喝/不 →

你们/她/我/好/问/让 →

我/你们/等/不好意思/真/让 →

4. 본문의 生词 목록을 활용하여 2인 1조로 다음의 질문에 묻고 대답해 보세요.

你喜欢坐什么航空公司的飞机？
你喜欢坐飞机的什么位置？
坐飞机的时候，有什么东西不能带的？
从韩国飞到中国，能带多重的行李，几件行李？

한자 쓰기

离 lí					
福 fú					
持 chí					
联 lián					
谊 yì					
托 tuō					
靠 kào					
廊 láng					
置 zhi					
窗 chuāng					

본문 번역

제1과 공항에서

1.

태민 : 말씀 좀 묻겠습니다, 입국 수속 심사 하는 곳이 어디인가요?

여행객 : 바로 앞에 있습니다.

(.....)

공안 : 당신의 여권 좀 보여주시겠어요?

태민 : 여기 제 여권 있습니다.

공안 : 베이징에 와서 무엇을 하실 건가요?
얼마동안 머무를 계획이신가요?

태민 : 베이징에 공부하러 왔습니다.
1년 있을 계획입니다.

공안 : 당신의 중국어가 매우 유창하네요.

태민 : 별말씀을요.

2.

태민 : 말씀 좀 물을게요, 택시 승강장이 어디인가요?

시민 : 지하 1층으로 가시면 됩니다.

(.....)

태민 : 기사님, 베이징 대학으로 가고 싶습니다.

기사 : 네, 안전벨트를 메주세요.

태민 : 공항에서 베이징 대학까지 얼마나 걸리나요?

기사 : 대략 50분 정도면 도착합니다.

태민 : 길이 막히나요?

기사 : 지금 시간은 안 막힙니다.

제2과 캠퍼스 생활

1.

태민 :	말씀 좀 물을게요, 외국 유학생 사무실이 어디에 있나요?
학생 :	저도 잘 모르겠는데, 잠시만 기다려주세요, 제가 물어봐 드릴게요.
학생 :	당신은 어디서 왔나요?
태민 :	저는 한국 사람입니다.
학생 :	정말요? 봐서는 잘 모르겠어요. 제가 당신을 데리고 갈께요.
태민 :	당신을 너무 번거롭게 하는 것이 아닌가요.
학생 :	괜찮아요, 조금도 번거롭지 않은걸요.
태민 :	감사합니다. 유학생 사무실이 여기에서 먼가요?
학생 :	그다지 멀지 않아요. 갑시다! 우리 가면서 이야기 합시다!

2.

태민 : 우리 언제 수강신청을 시작하나요?

조교 : 다음 주 월요일에 시작입니다.

태민 : 인터넷 신청인가요, 아니면 사무실에 와서 신청해야 하나요?

조교 : 두 가지 모두 가능해요.
편하신 데로 하세요.

태민 : 이후에 변경할 수 있는 기회가 있나요?

조교 : 당연히 가능해요, 그 때 가서 우리가 알려 드릴 겁니다.

태민 : 교재는 모두 각자 서점에서 사야 하는 거죠.

조교 : 네, 학교 밖에 있는 서점에서도 살 수 있습니다.

제3과 누구를 찾으시나요?

1.

이 선생님 : 누구를 찾으시나요?

영철 : 이 선생님을 찾습니다.

이 선생님 : 접니다. 당신은 누구시죠?

영철 : 이 선생님, 저에요! 영철입니다.

이 선생님 : 영철이라고? 너 언제 베이징에 온거니!

영철 : 엇그제 왔어요. 별 일 없으시죠?

이 선생님 : 나는 잘 지낸다. 너도 잘 지내지?
너 지금 어디에 살고 있니?

영철 : 저는 지금 교내 유학생 기숙사에 살아요.

이 선생님 : 시간 있을 때 우리집에 놀러오렴.

영철 : 감사합니다. 그렇게 할게요.

2.

영철 : 국태호텔인가요?
방을 하나 예약하고 싶은데요.

직원 : 네. 며칠 정도 묵으실 생각이신가요?

영철 : 5월 1일부터 5월 3일까지, 이틀입니다.

직원 : 어떤 종류의 방을 원하세요?
1인실 혹은 2인실을 원하세요?

영철 : 2인실을 원합니다.

직원 : 스탠다드룸을 원하세요 아니면
비지니스룸을 원하세요?

영철 : 스탠다드룸을 원합니다.

직원 : 가능하시구요, 이미 예약 완료 했습니다.

영철 : 감사합니다. 안녕히 계세요.

제4과 처리해야 할 일이 있습니다

1.

애영 : 실례합니다.
미국 달러를 인민폐로 바꾸고 싶은데요.

직원 : 당신의 여권을 좀 볼 수 있을까요?

애영 : 당연히 가능합니다.

직원 : 얼마 정도 바꾸시려고 하십니까?

애영 : 500위안이요.
오늘 환율이 어떻게 되나요?

직원 : 오늘 환율은 1달러에 6.01인민폐입니다.
다른 일 또 처리 하실 게 있나요?

애영 : 계좌를 개설하고 싶은데요,
정기예금으로요.

직원 : 네. 이 신청서를 작성해주시고 사인해
주세요. 카드도 만드실 건가요?

애영 : 만들어주세요. 감사합니다.

2.

애영 : 서울로 편지 한통을 보내고 싶습니다.

직원 : 항공 우편인가요?

애영 : 네. 얼마짜리 우표를 붙여야 하나요?

직원 : 50위안짜리를 붙여야 합니다.

애영 : 서울까지 보내는데 며칠이 걸리나요?

직원 : 항공우편으로 보내는 만큼, 대략 1주일 정도 걸립니다. 다른 일이 또 있으신가요 아가씨?

애영 : 이 소포를 상하이로 보내고 싶습니다.

직원 : 안에 무엇이 들어있나요?

애영 : 귀중품은 없어요, 대부분 낡은 잡지, 그리고 영자 신문입니다.

직원 : 네, 이 소포증을 작성해주세요.

제5과 병원에 가보세요

1.

이 선생님 : 너 무슨 일 있니? 안색이 좋지 않은 것 같다.

영철 : 몸이 조금 안 좋은 것 같아요.

이 선생님 : 열이 나는 구나. 병원에 가봐라.

영철 : 번거롭게 할 필요 없어요, 감기가 조금 걸린 거라서, 약 먹으면 바로 괜찮을 거에요.

이 선생님 : 내가 보기엔 너 힘들어 보여. 내 생각엔 병원에 가야 할 것 같아. 내가 바래다 줄게.

(병원에 도착)

의사 : 무슨 일이시죠? 어디가 안 좋으세요?

영철 : 오늘 새벽에 일어났는데, 머리가 아프고 목도 아프고, 기침도 합니다.

의사 : 구토도 했나요?

영철 : 아니요. 그런데 식욕이 없네요.

의사 : .... 네, 제가 약을 처방해 드릴게요. 시간에 맞춰 드시고 쉬면 괜찮아 질 겁니다.

영철 : 감사합니다.

2.

태민 : 선생님, 친구들에게 들었는데, 입원 하셨다면서요. 지금은 어떠세요?

이 선생님 : 병문안 와줘서 고맙다.
지금은 많이 괜찮아 졌어.

태민 : 제가 과일 좀 사가지고 왔습니다.
보양 식품도요. 저의 작은 성의입니다.

이 선생님 : 아이고, 이렇게 신경 쓸 필요가 있니.

태민 : 선생님, 걱정 마세요, 곧 좋아지실 거예요.

이 선생님 : 위로해줘서 고맙다.

태민 : 언제 퇴원하세요? 제가 모시러 오겠습니다.

이 선생님 : 의사가 말하기를 다음 주면 퇴원할 수 있다고 하는구나.
그런데 데리러 올 필요는 없단다.

태민 : 선생님, 건강 조심하세요.
얼른 쾌유하시길 바래요.

이 선생님 : 관심 가져줘서 고마워!

제6과 쇼핑하기

1.

판매원 : 어서오세요, 뭐가 필요하신가요?

영철 : 그냥 좀 둘러 보려구요.
칫솔이랑 치약은 어디에 있나요?

판매원 : 당신의 왼쪽 진열대 위에 있습니다.
더 필요 하신 것이 있나요?

영철 : 포도랑 사과 1근에 얼마인가요?

판매원 : 포도는 1근에 5위안이고,
사과는 1근에 8위안입니다.

영철 : 포도 4근이랑 사과 3근 주세요.

판매원 : 칫솔이랑 치약도 같이 합쳐서
125위안입니다.

영철 : 200위안 드릴게요.

판매원 : 75위안 거슬러 드릴게요.

2.

판매원 : 안녕하세요? 무엇을 사고 싶으신가요?

영철 : 제 여자 친구에게 치마를 사주고 싶습니다.

판매원 : 이쪽으로 오세요. 여자 친구 분의 사이즈가 어떻게 되나요? 어떤 색깔을 좋아하시나요?

영철 : 40사이즈에 빨간색 좋아해요.

판매원 : 이거 어때요? 이게 최신 스타일인데, 그녀에게 어울릴 겁니다.

영철 : 좀 보여주세요. 보기에 괜찮네요.

영철 : 얼마인가요?

판매원 : 2500위안입니다.

영철 : 너무 비싸네요, 좀 싸게 해 주실 수 있나요?

판매원 : 네, 2200위안에 드릴게요, 더 싸게는 안됩니다.

영철 : 카드결제 가능한가요?

판매원 : 당연히 되죠, 제가 도와드릴게요.

제7과 친구와의 약속

1.

태민 : 왕명, 너 지금 어디 있니?
우리 오후3시에 약속하지 않았니?

왕명 : 지금 가고 있어.
십분 이면 도착할 거야.

태민 : 알았어. 서두르진 마!
세계무역센터 2층의 스타벅스에서
기다리고 있을게.

왕명 : 늦었네. 미안해! 오래 기다리게 했네.
차가 막히는 바람에 마음 졸였어.

태민 : 괜찮아, 나도 방금 도착했어.
나는 지하철을 타고 왔는데,
사람이 너무 많았어.

왕명 : 그래? 오늘 일요일이잖아!
그래서 놀러가는 사람이 특히 많네.

태민 : 우리 뭐 좀 마실래?
나는 아이스 아메리카노 마실래, 넌?

왕명 : 나는 따뜻한 라떼 커피 한잔.
커피는 내가 살게.

태민 : 나중에 사줘. 어쨌든 오늘은 내가 너를 청해서 불러냈으니, 내가 살게.

왕명 : 그럼 염치 불구하고 받아들일게.

2.

태민 : 베이징의 가을은 정말 시원하네, 너무 편안한 느낌이야.

소도 : 태민아, 한국의 가을 날씨는 어때?

태민 : 베이징 날씨랑 별 차이 없어. 만약 네가 한국 가기를 원한다면, 내가 데리고 갈게.

소도 : 진짜로? 네가 말 한 거 책임져.
어쨌든 올해 안에 난 반드시 가볼거야.

태민 : 너에게 뭐 하나 물어볼게 있어.

소도 : 좋아, 말해봐.

태민 : 너는 왜 한국을 좋아해, 만약 한국에 가면 가장 하고 싶은 게 뭐야?

소도 : 난 한국 가요를 좋아하기 때문에, 그래서 만약 기회가 돼서 한국에 간다면, 콘서트에 가보고 싶어.

태민 : 좋아, 때 되면 우리 같이 가서 보자.

제8과 손님 초대

1.

애영 : 내가 오늘 저녁에 친구들을 우리 집에 불러 밥을 먹기로 했어. 영철아, 나 좀 도와줘.

영철 : 문제없어. 무슨 요리를 해 줄 거야?

애영 : 난 한국 요리 하고 싶어, 예를 들어 비빔밥, 불고기, 김치찌개, 파전 등등.

영철 : 괜찮기는 한데, 그런데 그들이 네가 해준 요리를 좋아할지 걱정된다. 하하.

애영 : 너 나 놀리지 마.

영철 : 아니야, 아니야. 농담이야. 화 내지마.

애영 : 너는 모르겠지만, 난 어렸을 때부터 요리하는 걸 좋아했어.

영철 : 그러고 보니, 지난번에 네가 우리에게 해준 볶음밥 정말 맛있었는데.

애영 : 고마워! 만약 너도 먹고 싶으면, 얼마든지 얘기해, 사양하지 말고.

영철 : 정말이지? 약속 한거다.

2.

애영 : 환영합니다! 환영합니다! 모두 편한 곳에 앉아요.

소도 : 애영아! 이 한국 음식들 모두 너 혼자 한거야? 무척 맛있어 보여.

애영 : 맞아, 고마워! 너희들이 무엇을 좋아하는지 몰라서, 내가 가장 잘하는 요리로 준비했어.

왕명 : 이거 김치네. 나 예전에 한국 식당에서 먹어본 적 있어, 좀 매워.

리보 : 이 음식은 뭐라고 불러? 면으로 만든 요리 같은데.

애영 : 이 음식은 잡채라고 해. 당면을 볶아 만드는 건데, 이미 다 볶았어.

애영 : 좋아. 음식이 식기 전에 우리 같이 밥 먹자.

소도 : 한국 음식 맛 좋네, 중국 음식이랑은 다르게, 기름기가 적다보니 이렇게 먹이도 배가 안 불러.

왕명 : 그래 맞아. 너 집에서 자주 한국 음식 해먹니?

애영 : 가끔씩, 주로 밖에서 먹어. 만약에 원하면, 너희들에게 포장해 줄게, 집에 가져가 도 되.

친구들 : 진짜야? 그럼 우린 사양하지 않을게, 고마워 애영아!

제9과 베이징 관광

1.

태민 : 왕명, 나야. 통화하기 괜찮아?
너에게 도움을 청하고 싶어!

왕명 : 무슨 일인데, 말해봐!

태민 : 이번 주 금요일에 독일 친구가 베이징에 여행하러 온데. 그를 데리고 돌아다니고 싶거든.

왕명 : 좋아! 내가 놀기 좋은 곳 하나 추천해 줄게.

태민 : 어디인데? 거기 가는데 무엇을 타고가야 편하니?

왕명 : 아마 너도 알거야, 원명원이야. 지하철 타고 가는데 편하지.

태민 : 당연히 알지, 원명원은 매우 유명한 관광 명소이지.

왕명 : 맞아. 먼저 1호선을 타고 서단에 가서, 그 다음 4호선으로 갈아타면 바로 원명원 역에 도착해

태민 : 고마워 왕명. 다음에 내가 밥 한 번 살게.
다음에 보자!

2.

태민 : 내가 이미 입장권을 인터넷으로 구매했어. 들어가 보자.

폴 : 태민아, 여기가 원명원이구나. 이렇게 크고 이렇게 예쁠 줄 생각도 못했어.

태민 : 원명원은 중국의 중요한 관광지야.

폴 : 원명원에는 어떤 유명한 명소가 있어?

태민 : 이곳은 원명원, 장춘원, 기춘원으로 구성되어 있어. 유명한 원명원의 40경이 있지.

폴 : 그럼 우리가 오늘 볼 것은 어느 명소야?

태민 : 시간 관계상, 우리는 전부 볼 수가 없어. 하지만 가능한 많이 보자.

폴 : 좋아! 나도 최선을 다해 너의 시간계획에 맞출게. 우리 어디서부터 볼까?

태민 : 그럼 우리 먼저 정대광명전을 보러 가자.

제10과 베이징을 떠나며

1.

영철 : 이 선생님, 제가 내일 베이징을 떠나요.
선생님께 작별인사를 하러 왔어요.

이 선생님 : 영철아, 학업을 순조롭게 마친 것을 축하해.
귀국해서, 바로 취직하길 바랄게.

영철 : 감사합니다, 선생님. 비록 중국은 떠나지만,
저는 영원히 선생님을 잊지 못할 거예요.

이 선생님 : 고맙다. 안전한 여행이 되기를 바란다.
꼭 성공하기를.

영철 : 소도야, 오늘 같은 날이 올수 있었던 것은
모두 너의 덕분이야. 어떻게 감사해야 할지
모르겠다.

소도 : 무슨 도움을 줬다고, 다 친구니까 그런 거지.
나도 너 같은 친구가 있어서 너무 기쁘다.

영철 : 우리 이후에도 계속 연락하자. 만약 한국에
올 기회가 있으면, 나를 꼭 찾아.

소도 : 약속 한 거야. 과거의 아름다운 시절은, 너와
나의 진귀한 우정을 남겼어.

영철 : 고마워. 그럼 우리 서로 축복을 기원하고,

미래가 아름답기를, 영원히 계속 되기를 바랄게.

2.

영철 : 안녕하세요! 인천으로 가는 OZ339편 여기서 탑승 수속 하나요?

직원 : 네. 당신의 여권을 보여주세요. 짐 부치실 거 있나요?

영철 : 3개 있습니다. 이 서류가방은 핸드캐리로 간주될 수 있나요?

직원 : 네, 어느 좌석 원하세요?

영철 : 첫 번째 줄이요, 복도 쪽으로 주세요.

직원 : 죄송합니다만, 복도 쪽 좌석이 없어서, 창가 쪽 괜찮으세요?

영철 : 네, 오늘 만석인가요?

직원 : 네. 여권 여기 있구요, 탑승권과 수하물 표입니다. 즐거운 여행 되세요.

영철 : 감사합니다. 안녕히 계세요.

연습문제 부분 해답

第一课

3. 流利/你/说/很/普通/话/得

→ (你普通话说得很流利。)

我们/得/手续/办/快/这次/很/办

→ (我们这次办手续办得很快。)

很/我/得/北京/吃/好/在

→ (我在北京吃得很好。)

不/明天/来/聚会/来/的/你

→ (明天的聚会你来不来？)

第二课

3. 衣服/贵/买不起/这么/的/我

→ (我买不起这么贵的衣服。)

早上/课/我八点/去不了/的

→ (我去不了早上八点的课。)

电话/记不住/的/号码/你/我

→ (我记不住你的电话号码。)

作业/我/今天/写不完/的

→ (我写不完今天的作业。)

第三课

3. 北京/我/去/吃/烤鸭/想

→ (我想去北京吃烤鸭。)

想/我/美术/妹妹/学习

→ (我妹妹想学习美术。)

韩国/买/很多/想/来/东西/中国人

→ (很多中国人想来韩国买东西。)

家/我/都/不/一点/想

→ (我一点都不想家。)

第四课

3. 完/那/了/喝/杯/我/喝/把/咖啡

→ (我把那杯咖啡喝完了。)

在/把/外边/停/请/自行车

→ (请把自行车停在外边。)

医院/我/你/去/吧/明天/送/把

→ (我明天把你送医院去吧。)

成/请/换/韩币/把/人民币

→ (请把人民币换成韩币。)

第五课

3. 不/汉语/说/会/你/会?

→ (你会不会说汉语?)

会/钢琴/谁/弹

→ (谁会弹钢琴?)

写/个/我/这/汉字/会

→ (我会写这个汉字。)

生日/不/的/他/会/我/聚会/参加

→ (他不会参加我的生日聚会。)

第六课

3. 吗/能/你/汉语/教/我

→ (你能教我汉语吗?)

多少/喝/酒/能/你

→ (你能喝多少酒?)

可/家人/你/不/可以/一下/你/介绍

→ (你可不可以介绍一下你家人?)

可以/这儿/吃/东西/不

→ (这儿不可以吃东西。)

第七课

3. 跟/一样/汇率/的/今天/昨天/汇率/的

→ (今天的汇率跟昨天的汇率一样。)

大/跟/一样/我/他

→ (我跟他一样大。)

一样/他/跟/大/鞋/的/我/的/鞋/不

→ (他的鞋跟我的鞋不一样大)

热门/一样/专业/英文/专业/汉语/跟

→ (汉语专业跟英文专业一样热门。)

第八课

3. 我/课/学校/上/现在/回

→ (我现在回学校上课。)

去/玩儿/他/不/家/去/下午/朋友

→ (他下午去不去朋友家玩儿?)

不/家/玩儿/去/下午/朋友/他

→ (他下午不去朋友家玩儿。)

刷/买/我/吗/卡/东西/能

→ (我能刷卡买东西吗?)

第九课

3. 吃/韩国/我/在/一家/饭馆/的/是

→ (我是在一家韩国饭馆吃的。)

是/月/去/我/上/的/个

→ (我是上个月去的。)

在/买/裙子/这/德国/的/条/是

→ (这条是在德国买的裙子。)

是/上海/这/寄/包裹/到/的/个

→ (这个包裹是寄到上海的。)

第十课

3. 她的同学们/我女朋友/我/让/帮助/来

→ (我女朋友让我来帮助她的同学们。)

咖啡/她/妈妈/让/喝/不

→ (妈妈不让她喝咖啡。)

你们/她/我/好/问/让

→ (她让我问你们好。)

我/你们/等/不好意思/真/让

→ (让你们等我，真不好意思。)

단어 색인

A
安全带 ānquándài 14, 16
安慰 ānwèi 66, 69

B
把 bă 48, 50, 52, 54~5, 57~8, 90, 177
办 bàn 12, 16, 21~2, 32, 48~9, 140, 148, 174
拌 bànfàn 106, 120
帮 bāng 24, 28, 34, 39, 44, 81, 102, 112, 122, 137~8, 149, 183
帮忙 bāngmáng 106, 113
办公室 bàngōngshì 24~6, 28, 30
办事 bànshì 52, 147
拌杂菜 bànzácài 111, 114
保持 bǎochí 138, 143
包裹 bāoguǒ 50~1, 53, 58, 132, 182
报纸 bàozhǐ 32, 51, 53
表格 biǎogé 49, 52, 118
标准间 biāozhǔnjiān 39~40
别的 biéde 48, 50, 57, 78, 128
别急 biéjí 90, 97
宾馆 bīnguǎn 38, 40, 45

比如 bǐrú 106, 113

不过 búguò 67, 91, 106, 128

补品 bǔpǐn 65, 69

不太 bútài 19, 24~5, 28, 62, 73, 99, 118

C 餐厅 cāntīng 86, 110, 114

菜 cài 31, 86, 106~7, 109~13, 115, 119, 146

炒饭 chǎofàn 108, 113

成功 chénggōng 137, 143

迟到 chídào 85, 90, 96

吃药 chī yào 62, 64, 68

窗口 chuāngkǒu 141, 144

出示 chūshì 12, 16, 140

出租车 chūzūchē 14, 16, 73

葱饼 cōngbǐng 106, 113

从~到 cóng~dào 16, 20

存款 cúnkuǎn 49, 52, 118

D 到 dào 14, 16, 19, 26, 30, 36~8, 40, 42, 50, 57~8, 63, 85, 90, 95, 102, 106, 122, 124~5, 129~32, 136, 138~9, 147, 149, 182

打包 dăbāo 114

大部分 dàbùfen 51, 53

大概 dàgài 14, 16, 58

呆 dāi 12, 16, 102

带 dài 24, 28, 34, 93, 102, 112, 122, 149

当然 dāngrán 26, 28, 48, 81, 124

单人 dānrén 38, 40, 44

担心 dānxīn 66, 69, 106, 113

打扰 dărăo 48, 52

打算 dăsuan 12, 16, 102

大约 dàyuē 50, 53

登机 dēngjī 140, 142~3

点 diăn 19, 33, 42, 44~5, 62, 78, 81, 90, 92, 96, 101, 106, 110, 118, 125, 148, 175~6

地方 dìfāng 21, 37, 40, 122~3, 128, 131~2

订 dìng 38~40, 44, 73

定期 dìngqī 49, 52, 118

地铁 dìtiě 41, 91, 123, 128

地下 dìxià 14, 16

堵车 dǔchē 15~6, 18, 90

多少钱 duōshǎoqián 50, 58, 78, 80, 82

F 方便 fāngbiàn 26, 28, 73, 122~3, 128, 132

房间 fángjiān 38, 40, 44, 57, 73, 83

发烧 fāshāo 62, 68

G 感冒 gǎnmào 56, 62, 68, 74, 146

该 gāi 137, 143, 148

改天 gǎitiān 92, 96, 124

刚到 gāng dào 91, 96

感觉 gǎnjué 65, 93, 96

感谢 gǎnxiè 143

歌曲 gēqǔ 95, 97

恭敬不如从命 gōngjìng bùrú cóng mìng 92, 97

公文包 gōngwénbāo 140, 144

恭喜 gōngxǐ 136, 143

关心 guānxīn 67, 69

贵 guì 33, 58, 81~2, 175

贵重 guìzhòng 51, 53

H 航空信 hángkōng xìn 50, 52

号码 hàomǎ 33, 40, 44, 175

好像 hǎoxiàng 62, 110, 114

何必 hébì 65, 69

合适 héshì 82, 118

红色 hóngsè 80, 82

换 huàn 48, 52, 57~8, 124, 128, 133, 148, 177

货架 huòjià 78, 82

回国 huíguó 136, 143

汇率 huìlǜ 48, 52, 58, 103, 180

欢迎光临 huānyíng guānglín 78, 82

户头 hùtóu 49, 52, 118

护照 hùzhào 12, 16, 48, 140, 142

J 急 jí 104, 128, 133

系 jì 14, 16, 91, 127

寄 jì 50, 52, 58~9, 132, 182

煎饼 jiānbǐng 106, 113

教材 jiàocái 27, 29, 33

机会 jīhuì 26, 28, 95, 138

斤 jīn 57, 70, 78~9, 82

景点 jǐngdiǎn 124~8, 131~2

尽管 jǐnguǎn 108, 113

既然 jìrán 53, 143

急死 jísǐ 90, 96

旧 jiù 51, 53

K

卡 kǎ 49, 52, 119, 181

开 kāi 49, 52, 64, 72, 83, 107, 118, 130, 137

开药 kāi yào 68

开始 kāishǐ 19, 26, 28, 32~3, 72, 85, 127

看病 kàn bìng 68

看不出 kànbuchū 24, 28

康复 kāngfù 67, 69, 131

靠 kào 141, 144, 150

烤肉 kǎoròu 106, 113

客满 kèmǎn 141, 144

客气 kèqi 65, 69, 108, 112

咳嗽 késou 63, 68

款 kuǎn 59, 80, 82, 88, 131

L

辣 là 110, 114, 120

连 lián 79, 128

凉快 liángkuài 93, 96

联系 liánxì 102, 138, 143

离开 líkāi 136, 143

留学生 liúxuéshēng 24~5, 28, 33

路上 lùshang 15, 18, 90, 96

旅游 lǚyóu 103, 122, 124~5, 128, 131~2

M

美金 měijīn 48, 52

没事 méi shì 24, 62, 68

美式咖啡 Měishì kāfēi 92, 96

票 ménpiào 125, 128

N 哪 nǎ 12~4, 20~1, 24, 33, 36, 38, 40, 46, 58, 63, 78, 87, 90, 103, 119, 125~7, 132, 148

难受 nánshòu 62, 68

拿手菜 náshǒucài 114, 119

拿铁咖啡 nátiě kāfēi 96

O 偶尔 ǒu'ěr 112, 114

呕吐 ǒutù 63, 68

P 泡菜 pàocài 106, 110, 113

便宜 piányi 81~2, 87, 101

苹果 píngguǒ 70, 78~9, 82

葡萄 pútáo 78~9, 82

Q 前面 qiánmian 12, 16

签名 qiānmíng 49, 52

前天 qiántiān 36, 40, 42

起床 qǐchuáng 63, 68

起飞 qǐfēi 144

清楚 qīngchu 24, 28

请客 qǐngkè 92, 113

请问 qǐngwèn 12, 14, 16, 24, 86

气色 qìsè 62, 68, 73

裙子 qúnzi 80, 82, 131~2, 182

取笑 qǔxiào 107, 113

R

人民币 rénmínbì 48, 52, 57~8, 117

如果 rúguǒ 94~5, 108, 112~3, 138

入境 rùjìng 12, 16

S

嗓子 sǎngzi 63, 68

商务间 shāngwùjiān 39, 40

稍 shāo 24, 28

什么时候 shénme shíhou 26, 32~3, 36, 40, 45, 66, 74

申请 shēnqǐng 26, 28, 30, 49, 118

身体 shēntǐ 67, 69, 74

师傅 shīfu 14, 16

时光 shíguāng 138, 143

世贸中心 Shìmào zhōngxīn 90, 96

事情 shìqing 73, 122, 128, 147

食欲 shíyù 64, 68

手续 shǒuxù 12, 16, 21, 32, 140, 143, 174

刷卡 shuā kǎ 81~2

双人 shuāngrén 38, 40

书店 shūdiàn 27, 28, 42

舒服 shūfu 62~3, 68, 93, 96, 118

顺利 shùnlì 136, 143

说话算数 shuō huà suàn shù 93, 97

随便 suíbiàn 78, 82, 109

所以 suǒyǐ 95, 97, 100, 109

T

探病 tànbìng 69

汤 tāng 106, 113

唐面 tángmiàn 111, 114

头疼 tóuténg 63, 68

天气 tiānqì 73, 93, 96, 98, 100~1

填写 tiánxiě 49, 52, 118

贴 tiē 50, 52, 59

通知 tōngzhī 26, 28, 44

疼 téng 63, 68

推荐 tuījiàn 122, 128, 131~2

托运 tuōyùn 140, 144, 148

W

外国 wàiguó 24, 28, 33

完成 wánchéng 136, 143

网上 wǎngshàng 26, 28, 30, 125, 128

玩笑 wánxiào 107, 113

位 wèi 36, 40, 44, 46

味道 wèidào 111, 114

位置 wèizhi 141, 144, 149

无论如何 wúlùn rúhé 93, 97, 102

X

香 xiāng 113

像 xiàng 96, 120

校外 xiàowài 27, 29

校园 xiàoyuán 28

喜欢 xǐhuān 21, 30, 32, 80, 86~7, 94~5, 97, 103, 106~7, 109, 119, 140, 149

星巴克 Xīngbākè 90, 96

行李 xíngli 57, 140, 142~3, 148~9

心意 xīnyì 65, 69

休息 xiūxi 64, 68, 116

希望 xīwàng 67, 136, 143

选课 xuǎn kè 26, 28, 32~3, 102

学业 xuéyè 136, 143

需要 xūyào 14, 16, 21, 50, 78, 82, 148

Y

牙膏 yágāo 78, 79, 82

演唱会 yǎnchànghuì 96, 97

颜色 yánsè 80, 82, 86

要是 yàoshi 93, 96, 101

牙刷 yáshuā 78, 79, 82

一共 yígòng 57, 79, 82

已经 yǐjing 39~40, 57, 72~3, 111, 125

应该 yīnggāi 62, 68, 102, 138

因为 yīnwèi 95, 97, 100, 109, 127

一起 yìqǐ 31, 41, 79, 95, 97, 102, 111, 118

有空 yǒukòng 37, 40

有名 yǒumíng 124, 128, 132

邮票 yóupiào 50, 52, 57

友谊 yǒuyì 138, 143

原来如此 yuánláirúcǐ 108, 114

圆明园 Yuánmíngyuán 123~6, 128~9

愿意 yuànyì 93, 97

约 yuē 90, 92, 96

Z

早晨 zǎochen 63, 68

杂志 zázhì 51, 53

站 zhàn 14, 86, 124, 128, 133

找 zhǎo 36, 40, 46, 79, 82, 130, 136, 138

争取 zhēngqǔ 127~8, 131

珍贵 zhēnguì 138, 143

只好 zhǐhǎo 109, 113

住 zhù 33, 37~8, 40, 45, 74, 175

祝福 zhùfú 139, 143

著名 zhùmíng 125~6, 128, 131

准备 zhǔnbèi 21, 109, 113

注意 zhùyì 67, 69

住院 zhùyuàn 65, 69

走廊 zǒuláng 141, 144

座位 zuòwèi 140~1, 144

집필진(가나다 순)

고광민 한양대학교 중문과 부교수
백지영 한양대학교 중문과 부교수
서원남 한양대학교 중문과 부교수
손예철 한양대학교 중문과 교수
엄익상 한양대학교 중문과 교수
오수경 한양대학교 중문과 교수
이광철 한양대학교 중문과 교수
최형욱 한양대학교 중문과 교수
김기철 한양대학교 중국학과 교수
변성규 한양대학교 중국학과 교수
위행복 한양대학교 중국학과 교수
유희문 한양대학교 중국학과 교수
이경원 한양대학교 중국학과 교수
이인호 한양대학교 중국학과 교수
정석원 한양대학교 중국학과 교수

만만한 중국어 2

한양대학교 중국어교재개발팀 편

펴낸날 2014년 12월 30일 초판 1쇄
펴낸이 임덕호 · **펴낸곳** 사곰 · **출판등록** 제4-7호(1972.2.29)
주소 서울 성동구 왕십리로 222 · **전화** 02.2220.1432-4 · **팩스** 02.2220.1435
홈페이지 press.hanyang.ac.kr · **이메일** presshy@hanyang.ac.kr
삽화 박병수 · **인쇄** 미르P&P

음성 자료(MP3)는 한양대학교 출판부 홈페이지(http://press.hanyang.ac.kr)에서 제공합니다.

사곰은 '새김[刻]'과 '해석[釋]'을 뜻하는 중세 국어 '사곰'을 변형하여
한양대학교출판부가 만든 출판 브랜드입니다.

값 14,000원

ISBN 978.89.7218.462.1 (93720)